Tempo e liturgia

Dados Internacionais de Catalogação na Publicação (CIP)
(Câmara Brasileira do Livro, SP, Brasil)

Merton, Thomas, 1915-1968
Tempo e liturgia : reflexões sobre as celebrações do ciclo litúrgico / Thomas Merton ; tradução das Irmãs do Priorado da Virgem, Petrópolis. – Petrópolis, RJ : Vozes, 2025. – (Série Clássicos da Espiritualidade)

Título original: Seasons of celebration
ISBN 978-85-326-7271-1

1. Igreja Católica – Liturgia I. Título. II. Série.

25-287771 CDD-264.02

Índices para catálogo sistemático:
1. Liturgia: Igreja Católica 264.02

Cibele Maria Dias – Bibliotecária – CRB-8/9427

Tempo e liturgia

Reflexões sobre as celebrações do ciclo litúrgico

Thomas Merton

Traduzido pelas Irmãs do
Priorado da Virgem, Petrópolis

EDITORA
VOZES

Petrópolis

Publicado mediante acordo com Farrar, Straus and Giroux, New York

Tradução do original em inglês intitulado
Seasons of Celebration : Meditations on the Cycle of Liturgical Feats

Direitos de publicação em língua portuguesa – Brasil:
1968, 2025, Editora Vozes Ltda.
Rua Frei Luís, 100
25689-900 Petrópolis, RJ
www.vozes.com.br
Brasil

Editoração: Rafaela Milara Kersting
Diagramação: Monique Rodrigues
Revisão gráfica: Vinicius Cavalcante
Capa: Editora Vozes
Ilustração de capa: Lúcio Américo de Oliveira

ISBN 978-85-326-7271-1

Este livro foi composto e impresso pela Editora Vozes Ltda.

Sumário

Nota do autor

Estes ensaios e palestras sobre a liturgia não foram elaborados em uma cela monástica apenas para serem colocados em silêncio nas mãos do leitor. Exceto os dois capítulos escritos expressamente a pedido de duas revistas, tudo neste livro foi dirigido a – e, por vezes, discutido com – um grupo de pessoas ou uma comunidade.

O leitor terá, evidentemente, que esperar certas mudanças de tom e ritmo, dependendo isso do momento em que as palestras foram feitas e a quem se dirigiram. Os ouvintes eram ora estudantes de teologia e filosofia, ora noviços cistercienses ou a comunidade monástica da qual é membro o autor. Alguns capítulos estarão marcados pela característica do grupo que formava o auditório (por exemplo, em *O sacramento do Advento na espiritualidade de São Bernardo* – destinado a estudantes de Teologia Patrística em 1952 – nada foi mudado na índole dessa conferência teológica). No entanto, a maior parte destas páginas é atual, universal e, assim esperamos, pertinente.

O material mais recente é, sem dúvida, o que melhor se aproxima daquilo que o autor deseja, em realidade, dizer. Três temas, em especial, representam mais plenamente suas presentes preocupações: *Liturgia e personalismo espiritual*, *Páscoa: a Vida Nova* e *O Bom Samaritano.* As páginas que se referem a esses três tópicos podem ser pontos controvertidos de um livro que, em parte alguma, reivindica tratar apenas de uma piedade sem riscos e convencional.

Um capítulo final toma em consideração a atual renovação da liturgia e as reações que provocou.

Abadia de Getsêmani, Kentucky,
agosto de 1965.

Liturgia e personalismo espiritual

1. Aspectos pessoais da renovação litúrgica

O Concílio Vaticano II, enquanto recorda como o culto litúrgico da Igreja "opera a obra de nossa redenção", põe especialmente em relevo o fato de que é o meio principal "pelo qual os fiéis expressam em sua vida e manifestam aos outros o mistério de Cristo e a autêntica natureza da verdadeira Igreja" (Constituição *Sacrosanctum Concilium,* sobre a Sagrada Liturgia*, Introdução, 2). Por tal razão dá o Concílio importância muito grande à renovação litúrgica, considerando-a essencial ao fim visado e francamente admitido a que se propõe a reforma de toda a Igreja pela renovação da vida católica em toda a sua profundeza e em todas as suas manifestações. Essa é a renovação essencial para atingir outro objetivo expresso pelo Concílio: "promover a união entre todos os que creem em Cristo; favorecer tudo o que conduz ao chamamento de todos ao seio da Igreja" (SC 1).

A SC não apenas demonstra a aprovação da Igreja por tudo que já foi feito pelo Movimento Litúrgico. É o início de uma reforma litúrgica vasta e geral que, espera-se, realizará, em todos os setores do culto católico,

* Citaremos simplesmente com as iniciais SC, seguidas do número.

as mais impressionantes e importantes transformações. Será, e em realidade já é, o maior e mais notável desenvolvimento ocorrido na liturgia desde a época patrística, e a reforma mais completa em matéria de liturgia que a Igreja jamais conheceu.

Essa reforma brota de uma ideia básica sobre a natureza da liturgia como culto público, como atividade da Igreja operada pelo próprio Cristo em união com sua Igreja. A própria natureza dessa atividade exige "a participação plena, consciente e ativa de todos os fiéis". Não apenas isso, mas a tarefa de levar cada católico a participar ativamente no culto litúrgico tem prioridade sobre tudo o mais, pois uma reforma litúrgica por imposição de cúpula careceria de qualquer sentido de autenticidade. De fato, o Concílio não cogita de uma reforma autoritária desse gênero. Pelo contrário, a SC prevê como a grande renovação litúrgica será realizada pelos próprios fiéis – bispos, clero e, também, o laicato. Assim, "no restaurar e no promover a Sagrada Liturgia, essa plena e ativa participação de todo o povo de Deus é o objetivo a ser considerado antes de tudo mais".

O presente ensaio se preocupa com o sentido da renovação litúrgica não somente como participação nas novas formas de culto, mas como esforço conjunto, criativo, de todos os católicos para atingir uma nova compreensão do próprio culto.

A liturgia não consiste simplesmente em cumprir um dever natural. Trata-se da celebração de nossa unidade no amor redentor e no mistério de Cristo. É a expressão da conscientização de um povo redimido. Se o próprio povo não tiver consciência de sua dignidade e nobreza como filhos de Deus em Cristo, como poderá ele afirmar e exercer de maneira convincente seus plenos direitos espirituais de cidadãos do reino de Deus?

Para compreendermos isso, temos de nos voltar para o clássico conceito grego da liturgia.

A liturgia, no sentido original e clássico do termo, é uma atividade *política. Leitourgia* era uma "obra pública", uma contribuição do cidadão livre da *polis* à celebração e manifestação da vida visível da *polis.* Como tal, distinguia-se da atividade *econômica* ou privada e da preocupação mais material de ganhar a vida ou dirigir as empresas produtivas da "comunidade". A vida política era o domínio público e responsável do cidadão livre – e só a ele se restringia.

A vida privada era propriamente a área dos que não eram considerados plenamente "pessoas", por exemplo, as mulheres, as crianças, os escravos, e cuja aparição em público era sem importância, pois não estavam habilitados a participar da vida da cidade. No que tocava à vida pública, não existiam. Nos dias da república ateniense, a atividade pública era, ao mesmo tempo, política e religiosa, uma vez que a vida da cidade-estado era basicamente religiosa.

A noção mais antiga de liturgia não repousa numa distinção entre "sagrado" e "secular". Um exemplo de "liturgia" na democracia ateniense seria o ato de providenciar a realização da dança e procissão ditirâmbica ou a representação do ciclo-drama religioso que surgiu do ditirambo. Note-se como aqui, também, "arte", "cultura" e "religião" se unem numa só *leitourgia.*

É importante para nosso atual propósito repor o termo "liturgia" em seu contexto clássico helênico, em que aparece com maior nitidez e sentido. A celebração litúrgica, nesse sentido antigo e original, é um ato sagrado e público em que a comunidade, ao mesmo tempo religiosa e política, reconhece sua identidade no culto prestado.

Isso é essencial para nosso tema "Liturgia e personalismo espiritual". Se, de início, não voltarmos à raiz do sentido da liturgia, seremos levados por um caminho errado pelas repercussões e confusões da moderna controvérsia. Na verdade, a oposição superficial tantas vezes criada entre oração litúrgica e oração "pessoal" – oposição sem fundamento na realidade – torna toda compreensão autêntica, seja da liturgia, seja da meditação, praticamente impossível. Como se a liturgia sem alguma meditação não fosse algo inimaginável e como se a meditação não pressupusesse e complementasse a celebração litúrgica dos mistérios de nossa redenção!

A oração litúrgica é, ou deveria ser, eminentemente pessoal *porque* pública. A julgar pelas declarações polêmicas feitas de um e de outro lado, quase imaginaríamos haver duas maneiras opostas de orar e de se realizar como cristão: uma exclusivamente pública e comunitária; outra exclusivamente privada e individual. Não é de admirar que os resultados gerem confusão! Na cidade cristã, *todo* cidadão maduro é um cidadão livre – ninguém está privado, pela condição servil, de participar na vida da *polis,* isto é, da Cidade Santa, ou melhor, do povo de Deus. Cada pessoa, como membro de Cristo, tem o direito de fazer ouvir sua voz no culto público da Igreja, na *leitourgia*, que é a mais elevada e excelente das "obras públicas" e, ao mesmo tempo, a mais perfeita expressão da "economia", que é a comunidade doméstica, não apenas a família do homem, mas do Pai do Céu. Nessa comunidade doméstica ninguém é escravo, são todos "filhos" e todos possuem o privilégio da palavra livre e espontânea (*parrhesia*) na presença do Pai, seja individualmente ou em companhia dos outros filhos e co-herdeiros do Criador.

Neste ensaio, portanto, não tentamos resolver a querela grandemente desorientadora sobre a oração "pública" e "privada". Isso não nos preocupa em absoluto. Antes, preocupa-nos o culto litúrgico como ação de pessoas cristãs plenamente desenvolvidas, cidadãos livres da *polis* que é a Cidade e a Casa de Deus, a Igreja, o Corpo Místico de Cristo. A liturgia é uma expressão da personalidade de cada um porque, nela, cada um afirma sua filiação divina e exerce seus direitos de cidadania na Jerusalém celeste: a comunidade escatológica e redimida dos que são UM no amor, libertados das cadeias do pecado e da morte.

2. Serviço público

Defendemos a opinião de que, se a liturgia não for uma atividade de pessoas livres e maduras, participando juntas, inteligentemente, do *cultus* comunitário que expressa e constitui a sociedade espiritual visível a que pertencem, não pode ela ter verdadeiro sentido espiritual. Isso significa, evidentemente, que se o culto deixa de ser autenticamente *comunitário* e se torna simplesmente *coletivo* – isto é, logo que deixa de ser a colaboração de pessoas livres, oferecendo, cada qual, sua contribuição insubstituível para tornar-se o funcionamento mecânico de unidades anônimas cuja identidade e contribuição individual carecem de valor especial – perde o direito de ser chamado liturgia ou culto cristão. Não é mais o testemunho público de personalidades livres e responsáveis – transformou-se em demonstração de "homens-massa" ou de escravos.

É verdade que, no Evangelho, o Senhor chamou a seus fiéis "ovelhas". Isso, porém, não nos autoriza a supor que a liturgia seja mero balido organizado de animais irracionais reunidos em manada, constrangidos e amestrados por engenhosa disciplina, até que possam exibir ações aparentemente humanas, as quais não são capazes de compreender.

Por outro lado, no sentido pleno da palavra, não pode ser apenas atuação de um grupo de especialistas na presença de espectadores passivos. Não se trata simplesmente de teatro. A liturgia exige a participação ativa e inteligente de todos os membros maduros da assembleia. Os únicos espectadores e "ouvintes" são os catecúmenos ou os pecadores públicos, que tomam parte na liturgia da palavra, a antemissa – da qual, é de presumir-se, todos participam ouvindo e respondendo cada um conforme suas possibilidades. Após essa primeira parte da liturgia, os catecúmenos, originariamente, deixavam a assembleia, embora, hoje em dia, permaneçam como "espectadores". Contudo, não significa isso que, como os catecúmenos, os fiéis sejam meros espectadores. Têm eles um trabalho a realizar. São cidadãos livres e cabe-lhes dizer algo de muito importante em relação ao que se está passando. Responderam a um chamado divino. Estão, em sentido lato, "celebrando", ao lado dos ministros oficialmente deputados para isso, o mistério que expressa a unidade e a solidariedade de todos os membros do Cristo Único. Participam do sacrifício eucarístico pela comunhão sacramental e por todos os ritos e atos simbólicos que manifestam sua compreensão do sentido daquilo que estão realizando; dão, assim, testemunho de sua fé e caridade. Expressam vocalmente sua presença e seu consentimento ativo por meio de respostas e cânticos. Trazem ao altar seus dons. Unem-se na refeição sagrada na qual Cristo lhes dá seu corpo e seu sangue para uni-los em seu amor. Essa é a participação ativa dos fiéis no mistério.

Desde o primeiro momento em que um homem se torna cristão e começa a se expressar como membro vogal atuante do Corpo de Cristo, a liturgia lhe recorda a responsabilidade pessoal e, poderíamos dizer, "política" na Cidade de Deus. A Igreja é a Assembleia dos que foram chamados e reunidos por Deus. Ao aproximar-se o catecúmeno da fonte batismal, pergunta-lhe a liturgia qual o seu nome e exige dele declarar livre e pessoalmente o que procura na Igreja. No limiar de sua nova vida, o catecúmeno declara que ele, como indivíduo, respondeu à vocação pessoal e ao chamado de Cristo para ingressar na *polis* cristã e trabalhar juntamente com os outros membros da Igreja na implantação, neste mundo, do reino da santidade de Cristo, do Espírito Santo sobre a terra, e para se esforçar por levar todos os homens juntamente com ele à vida eterna.

Todo ato litúrgico implica renovado despertar dessa conscientização cristã e uma nova aceitação dessa responsabilidade primordial e pessoal. A Eucaristia, plenitude da vida cristã e centro da liturgia, é o grande ato comunitário pelo qual o mistério da salvação é celebrado pela Igreja e seus membros, pessoalmente, em união com ela. É o mistério no qual o próprio Cristo, invisivelmente presente no meio de seus fiéis, espontaneamente assistido pelo amor deles, livre e santificado, e aclamado por seu consentimento unânime, realiza sua obra de redenção, anunciando o pleno estabelecimento de seu reino e partilhando com todos os frutos da salvação. O Concílio Vaticano II declarou esse fato nos seguintes termos:

> A liturgia, pela qual, principalmente no divino Sacrifício da Eucaristia, "se exerce a obra de nossa redenção", contribui de modo mais

> excelente para que os fiéis exprimam em suas vidas, e aos outros manifestem, o mistério de Cristo e a autêntica natureza da Igreja (SC 2).

O Concílio realça sobretudo a presença de Cristo na Assembleia dos fiéis reunidos por Ele para com Ele celebrarem os mistérios litúrgicos:

> Cristo está sempre presente em sua Igreja, sobretudo nas ações litúrgicas.
>
> Cristo sempre associa a si a Igreja em tão grandiosa obra pela qual Deus é perfeitamente glorificado e os homens são santificados.
>
> Na liturgia se exerce o culto público integral através do Corpo Místico de Cristo, Cabeça e membros (SC 7).

Daí ser inteiramente insuficiente considerar a liturgia mera expressão comunitária da "sujeição" que o homem, como ser social, deve ao seu Deus e Criador. Embora correta, é essa uma expressão demasiadamente abstrata do mistério litúrgico. É incompleta primeiramente por reduzir o culto litúrgico a um conceito ético. Leva, também, à concepção errônea de que a liturgia é culto prestado pela "sociedade", pelo "grupo" *como oposto* aos indivíduos que compõem o grupo. Daí deduzir-se confusamente que a função principal do indivíduo consiste em perder-se, submergir, desfazer todo vestígio de individualidade e personalidade, de maneira a desaparecer no grupo e, desse modo, expressar a coletividade mais perfeitamente sua sujeição a Deus. O indivíduo se sujeita ao grupo prostrando-se e desaparecendo das vistas de todos, e o grupo se prostra diante de Deus. Assim, a sociedade como tal, em abstrato, paga a dívida devida, em justiça, a Deus.

Conforme essa concepção, a vida cristã seria, primariamente, uma *servidão.* Devemos, no entanto, recordar que, de acordo com nossa clássica analogia da *leitourgia*, liturgia e servidão se excluem mutuamente. Um escravo não pode oferecer culto público, porque não é livre nem responsável e não tem meios para se projetar no domínio público. Não é uma "pessoa". Ora, a liturgia de modo algum é um desfile ou uma demonstração de seres que não são "pessoas"! Dizer que a liturgia glorifica a Deus pela abjeta submissão de escravos é, na realidade, enganar-se quanto à verdadeira noção bíblica da glória de Deus.

A glória de Deus é o esplendor de sua presença no mistério, e os homens lhe "dão glória" pelo temor, sagrado e reverente; pela espontânea exultação com que reconhecem e aclamam sua presença com temor, tremor e santa alegria. A liberdade do homem e sua livre submissão a Deus no amor é que "lhe dão glória". O que glorifica a Deus, na submissão que lhe presta o homem, não é o fato da simples submissão, mas a verdade muito mais profunda de que, submetendo-se a Deus, conquista o homem sua liberdade. "Renunciando" ao amor privado e "econômico" de si mesmo por amor a Deus, o homem encontra seu verdadeiro eu. Essa é uma das experiências características do culto litúrgico que purifica e enobrece os que participam na objetividade e sacralidade da celebração comum, mesmo quando isso pode implicar um certo sacrifício da intimidade e do calor subjetivo. Em realidade, a perda é apenas aparente. O crescimento da liberdade no serviço divino traz consigo mais maduro fervor e capacidade mais profunda da conscientização interior do amor de Deus manifestado à comunidade na celebração dos sagrados mistérios.

Na sagrada liturgia, portanto, não agem os fiéis como simples espectadores, figuras inertes e passivas, ou como servos e escravos. A liturgia implica sempre conscientização de que somos amigos e colaboradores de Cristo em sua grande obra de redenção e santificação do cosmos. O próprio Senhor Jesus dá a maior importância a essa conscientização e afirmou explicitamente seu desejo de vê-la realizada: "Já não vos chamarei servos, porque o servo não sabe o que faz o seu Senhor. Mas eu vos chamei amigos, porque eu vos fiz conhecer tudo o que ouvi de meu Pai. Não fostes vós que me escolhestes, mas fui eu que vos escolhi, e vos destinei, para que vades e produzais fruto e vosso fruto permaneça, a fim de que tudo o que pedirdes ao Pai, em meu nome, ele vos dê. O que vos ordeno é que vos ameis uns aos outros" (Jo 15,15-17).

3. Um sacerdócio real

Assim, podemos facilmente compreender as palavras de São Pedro aos leigos, a *laos,* o povo de Deus, os cidadãos da Cidade Santa: "Vós sois raça eleita, sacerdócio real, nação santa, povo adquirido por Deus, para que anuncieis as perfeições daquele que vos chamou das trevas à sua luz admirável; vós que outrora não éreis seu povo e hoje sois o povo de Deus; vós que não tínheis obtido misericórdia e agora obtivestes misericórdia" (1Pd 2,9-10).

Temos aqui um dos inumeráveis textos do Novo Testamento que, em poucas palavras, nos dão toda a *politeia* da pessoa cristã na Cidade de Deus. Sua dignidade pessoal, sua liberdade, sua cidadania como membro do povo santo, tudo isso é dom de Deus.

Sua cidadania foi recebida como resposta pessoal a um chamado pessoal. A "atividade política" do povo de Deus, centrada sobretudo na liturgia, consiste em "proclamar os feitos" do Deus de misericórdia, santificador do homem, e em participar, pelo amor e pelo sacrifício, na sua obra de redenção. A mais elevada dignidade pessoal e espiritual do cristão é sua participação, pelo batismo, no sacerdócio e na filiação de Cristo. Há, evidentemente, a dignidade maior da ordenação sacramental, pela qual determinados cristãos são ungidos e marcados com o caráter sacerdotal para consagrar a oferenda sacrificial em nome e na Pessoa de Cristo. Não quer isso dizer, no entanto, que devam eles celebrar a liturgia a sós, sem o concurso dos que estão presentes assistindo como espectadores mudos e passivos. Pelo contrário, recai sobre *todos* a obrigação de proclamar os grandes feitos de Deus, as *magnalia Dei*, uma vez que todos, sem distinção, foram chamados das trevas à sua admirável luz.

Essa distinção entre sacerdote e povo, que é tão evidente na liturgia sacramental, está mais atenuada na liturgia da Palavra. A razão é que se deseja que todos os fiéis voltem a preencher as funções ativas que lhes cabem e que por vários séculos foram, de diversas maneiras, restringidas. Todos podem participar cantando, e alguns lendo para os demais os sagrados textos. Declara o Concílio que os leigos devem ter "um ofício a desempenhar" na celebração litúrgica (SC 28, 29, 30). O Concílio, de fato, recomenda celebrações bíblicas dirigidas por diáconos ou leigos aprovados pelos bispos, não somente nas vigílias e nos dias feriais durante o Advento e a Quaresma, mas também aos domingos, sobretudo onde não há um sacerdote para celebrar a santa missa. Essas funções bíblicas são celebrações litúrgicas, não meras devoções paralitúrgicas (cf. SC 35). Note-se que os leigos terão parte ativa nos Institutos de Pastoral Litúrgica previstos pelo Concílio como elemento importante na obra da reforma litúrgica (SC 44).

Tanto o Antigo como o Novo Testamento afirmam repetidamente que a liberdade é a característica do membro do povo de Deus. Em realidade, esse povo começou a existir quando o povo de Israel foi libertado da escravidão do Egito e chamado ao deserto para ser formado à liberdade, para aprender a viver sem outro Mestre senão o próprio Deus. A travessia do Mar Vermelho, no entanto, foi apenas um tipo profético da libertação final a ser conferida aos que participam da *pascha Christi*, a "passagem" em que Cristo "atravessou" o caminho da morte para a vida e o deste mundo para o Pai.

Assim como num feriado cívico uma comunidade política renova a conscientização de sua própria identidade, afirmando seu caráter, recordando e celebrando suas origens e feitos notáveis; assim, na liturgia, os membros da *politeia* sobrenatural, os cidadãos da Cidade de Deus e membros do Corpo de Cristo, afirmam seu caráter próprio, proclamando sua fé pelos atos por meio dos quais Deus, ingressando na história, criou para si um povo santo.

A diferença entre celebração cívica e celebração litúrgica está em que esta se preocupa com um aspecto radicalmente diverso da história – um acontecimento de uma espécie totalmente diferente. A liturgia está centrada num acontecimento divino ocorrido na história humana: o ingresso, na vida e nos negócios dos homens, de um poder salvífico e transformante. Como declara São Gregório Nazianzeno: "Celebramos não nossa enfermidade, mas nossa cura" (*Oratio* 38).

A liturgia é precisamente o ato público pelo qual a Igreja toda põe novamente em ação, revivendo-a, a Páscoa cristã, a passagem da morte à vida no mistério da Morte e Ressurreição de Cristo. Assim, a Assembleia cristã e cada membro dela reconhece a eficácia permanente e imperecível do grande ato salvífico do Redentor que é a garantia da liberdade espiritual individual de cada cristão e que constitui, ao mesmo tempo, o povo de Deus. Devemos nos lembrar de que a liturgia faz muito mais do que simplesmente *comemorar* o sagrado mistério redentor. É, pelo contrário, privilégio de cada membro da Assembleia *cooperar*, de algum modo, com a Igreja e com o próprio Deus, na celebração do mistério sagrado. Daí o fato de a participação ativa na liturgia significar não somente atenção inteligente ao que é realizado pelos ministros sagrados. Muito mais do que isto, significa cooperação na própria obra de Deus, Cabeça que governa a Cidade Santa. Nas palavras de Pio XII:

> Fato que nos aparece maravilhoso, Cristo necessita de seus membros... Operando a obra da redenção, deseja Cristo ser auxiliado pelos membros de seu Corpo. Não por ser Ele pobre e fraco, mas antes porque assim quis, para a maior glória de sua Esposa sem mancha. Morrendo na cruz, legou à sua Igreja o tesouro imenso da redenção, sem que Ela para isso nada contribuísse. Mas, quando essas graças são distribuídas, Ele não somente reparte com sua Igreja essa obra de santificação, mas quer, de certo modo, que seja devido à ação dela (*Mystici Corporis*).

Sem dúvida, é preciso compreender com clareza que a cooperação do homem com Deus nos divinos mistérios se realiza em níveis diferentes. Todos nós "operamos com" Deus como membros de Cristo. Há, contudo, graus diversos em que participamos do sacerdócio de Cristo. Os fiéis batizados oferecem, juntamente com o sacerdote ordenado para esse fim, o santo sacrifício, porém num sentido diverso. O sacerdote o oferece em virtude de seu poder sacerdotal, como mediador e representante de Cristo. Os fiéis oferecem-no unindo suas preces e seus desejos aos de Cristo. Nas palavras de Inocêncio III, citadas por Pio XII na *Mediator Dei*: "O que o sacerdote realiza pessoalmente em virtude de seu ministério, os fiéis realizam coletivamente em virtude de sua intenção". Assim, os leigos não são, em sentido estrito, sacerdotes. No entanto, o Concílio Vaticano II e as grandes encíclicas modernas demonstram com nitidez que a atividade litúrgica dos fiéis, sua participação nos sagrados mistérios, de modo algum deve ser passiva, muda, simples questão de "receber" a graça. Pelo contrário, oferecem eles um sacrifício e, nesse oferecimento, a aliança entre Deus e seu povo é renovada. Essa é a mais elevada expressão da vida comunitária da Igreja, assim como da consagração pessoal do cristão. De fato, crê o católico ser esse o ato mais importante e, em realidade, o mais sublime que o homem possa oferecer, pois é a expressão daquele amor com que Deus atrai a si o homem para com ele partilhar uma vida e uma luz que transcendem infinitamente a natureza humana. Contudo, a renovação da aliança, no sacrifício eucarístico, exige a cooperação livre e inteligente de todo o povo de Deus.

O Concílio Vaticano II rejeitou decididamente a mentalidade caracterizada um tanto humoristicamente como "validismo". Consiste essa mentalidade em concentrar a atenção sobre o rigoroso cumprimento das rubricas pelo sacerdote, de maneira a garantir certos efeitos produzidos nos fiéis *ex opere operato.* Requer isso nada mais do que algumas disposições de mínimo grau nos fiéis, bastando, em suma, a presença física e um pouco de boa vontade. Diz o Concílio:

> Por isso, é dever dos sagrados pastores vigiar para que, na ação litúrgica, não só se obser-

> vem as leis para a válida e lícita celebração, mas para que os fiéis participem dela com conhecimento de causa, ativa e frutuosamente (SC 11).

Assim, como declara nitidamente o Concílio (SC 14), a própria natureza da liturgia exige "a participação plena, consciente e ativa de todos os fiéis". Essa doutrina já havia sido exposta, dezesseis anos antes, por Pio XII, na *Mediator Dei:*

> É desejável que todos os fiéis tenham consciência de que participar do sacrifício eucarístico é principal dever seu e sua suprema dignidade, e isso não de maneira inerte e negligente, entregue às distrações e aos devaneios, mas com tanta seriedade e concentração que possam unir-se o mais estreitamente possível ao Sumo Sacerdote, conforme o Apóstolo: "Tende em vós os mesmos sentimentos que estavam em Cristo Jesus". *E, juntamente com Ele e por Ele, façam sua oblação e, em união com Ele, ofereçam-se a si mesmos (Mediator Dei).*

Para todos os membros da sagrada Assembleia, a participação com madureza no culto litúrgico implica alto grau de liberdade espiritual, responsabilidade, compreensão e mesmo sabedoria. Isso é verdade em relação *a todos os fiéis.* Pode ser um ideal que por vezes está longe de ser realizado. Todavia, certamente, no próprio sacerdote, formado e consagrado para o sagrado ministério, temos de esperar encontrar a profunda compreensão, a personalidade espiritual plenamente desenvolvida, a maturidade na vida litúrgica que implica humilde conscientização de sua missão e do fato de não ser ele somente uma "pessoa", mas "um outro Cristo" escolhido para representar o Salvador Ressuscitado e para "agir na pessoa de Cristo". Sem dúvida, o sacerdócio exige um alto grau de personalismo cristão. Esse personalismo é mais do que simples segurança profissional ou competência oficial. Implica santidade de vida, profunda humildade, despojamento de si, o que torna o sacerdote apto para uma obediência fiel e esclarecida ao Espírito Santo.

Se o padre for, nesse sentido mais elevado e perfeito, uma "pessoa" cristã, haverá, então, mais probabilidade de que a liturgia a que preside e na qual oficia seja celebrada pelos fiéis num mesmo espírito de participação pessoal e esclarecida. Não é isso apenas uma questão de "zelo" litúrgico ou de organização entusiástica de cerimônias. Devemo-nos precaver contra uma espécie de zelo cego e imaturo – o zelo do entusiasta ou do zelota – que representa precisamente uma frenética compensação em frente às qualidades profundamente pessoais que não possuímos. O zelota é alguém que "se perde" na causa que defende, a ponto de não mais "se encontrar" de todo. No entanto, paradoxalmente, essa "perda" de si próprio não é o salutar esquecimento de si ordenado por Cristo. É, antes, imersão na vontade própria concebida como a vontade de uma força abstrata, não pessoal: a força de um projeto ou programa. Em outras palavras, acha-se ele alienado pela violência de seu próprio entusiasmo – e, por essa violência, tende a produzir a mesma espécie de alienação nos outros. Esse tipo de zelo prejudica grandemente a liturgia. Tende a ofender o bom-senso e o bom gosto dos que procuram na liturgia muito mais do que uma "causa" ou um "programa". Pois procuram sua plena dignidade como livres participantes num ato sagrado, público, dirigido a Deus só – procuram a glória dele, e não a glória e a satisfação dos homens.

Sem dúvida, o forte relevo dado pelo Concílio Vaticano II à reforma litúrgica emprestará novas perspectivas a esse zelo para a aplicação de novas diretivas no culto. Não é mais uma questão de "movimento litúrgico" no sentido de uma "causa" esposada por esclarecida minoria e na qual o interesse geral permanece facultativo.

O Concílio declarou ser a reforma litúrgica essencial à reforma da própria Igreja, e a participação ativa dos fiéis na liturgia essencial à reforma litúrgica.

Isso põe em relevo o que dissemos do caráter "político" da participação litúrgica – a palavra "política" sendo empregada num sentido especial, como atividade de cidadãos responsáveis da cidade (ou *polis*) da Igreja.

O fiel cristão que participa ativamente da reforma litúrgica está, de fato, desempenhando papel muito importante e ativo na vida pública ou "política" da Igreja. Oferece ele sua contribuição pessoal à grande obra da renovação cristã iniciada pelo Concílio.

Numa palavra, participar inteligentemente do culto litúrgico é, agora, participar ativamente na reforma de toda a Igreja.

4. Verdadeiro e falso personalismo

Se o individualismo e o subjetivismo são alvo de tanta desconfiança entre nós é que existe talvez razão muito séria para isso. Vivemos num clima de individualismo. Mas nosso individualismo está decadente. Nossa tradição de liberdade que, aliás, está profundamente arraigada no cristianismo e que, em si, é digna do mais alto respeito e da mais profunda lealdade, já começou a perder a autêntica vitalidade. Está se tornando cada vez mais uma convenção verbal em lugar de ser uma convicção espiritual.

A tendência a substituir palavras sobre a liberdade na realidade da própria liberdade fez-nos chegar a um estado de servidão espiritual ambivalente. O alarde com que professamos nosso amor pela liberdade tende a ser proporcional ao que, em verdade, é nosso temor da autêntica liberdade e ao nosso sentimento de culpabilidade diante da recusa inconsciente de pagarmos o preço da liberdade. A agitada e irritada licença com que nos abandonamos a nossas fantasias é puramente pretexto subjetivo e falaz de liberdade.

O caráter ilusório da liberdade que temos tentado encontrar na irresponsabilidade moral e psicológica tornou-se inevitável. Nossa abdicação à responsabilidade é, ao mesmo tempo, abdicação à liberdade. A resolução de deixar “algum outro” ou as forças anônimas da sociedade assumirem a responsabilidade por tudo significa que abdicamos à responsabilidade pública, à preocupação madura e mesmo à vida espiritual. Retiramo-nos do domínio público da liberdade para dentro do mundo privado da necessidade, imaginando que a fuga à responsabilidade é uma fuga em direção à liberdade. Ao contrário, é, nas palavras de Erich Fromm, "uma fuga *da* liberdade". Mas, quando entregamos a direção de nossa vida a forças anônimas, a "eles" (sejam quais forem esses "eles" – e ninguém o sabe com exatidão), o que, em realidade, acontece é cairmos sob a tirania das fantasias coletivas e das ilusões. Não há tirano mais totalitário do que o convencionalismo, a moda, o preconceito.

Estamos começando a compreender que vivemos num clima envolvente de conformismos. Tornamo-nos autômatos de produção em massa. Nossas vidas, nossos lares, nossas cidades, nossos pensamentos ou, talvez, nossa ausência de pensamentos assumiram, todos, certa máscara impessoal de semelhança resignada e monótona. Nós, que outrora dedicávamos tamanho culto à originalidade, à experiência, ao engajamento pessoal e à criatividade individual, podemos ser considerados, atualmente, entre as pessoas menos originais e menos pessoais sobre a face da terra – sem excluir os russos. Nessa situação desesperada, o ideal da individualidade não foi posto de lado. Antes, assumiu as feições de um culto obsessional. As pessoas "se exprimem" por modos que se tornam cada vez mais frenéticos na medida em que tomam consciência de que a individualidade e a diferença marcante que tentam expressar não mais existe. Adaptando, aqui, o velho provérbio francês, quanto mais procuramos expressar nossa diferença por meio da originalidade tanto mais demonstramos ser os mesmos: *plus ça change, plus c'est la même chose.* Não há nada mais monotonamente sem originalidade do que as caprichosas excentricidades de átomos numa sociedade massificada.

Qual é a verdadeira raiz da personalidade no homem? É, evidentemente, aquilo que nele é *insubstituível*, genuinamente único, no mais profundo nível espiritual. O *personalismo* é a descoberta, o *respeito,* mas não o *culto* dessa realidade profunda. O personalismo secular, ou seja, o que não é cristão, é uma espécie de mania pela individualidade, uma febre de automanifestação em que o mais alto valor é procurado no *reconhecimento* pelos outros de nossa qualidade de únicos no gênero.

Mas o grande paradoxo do personalismo cristão consiste em algo mais do que trazer à luz o elemento insubstituível e especificamente próprio no indivíduo cristão.

O personalismo cristão, ao contrário, não exige que o segredo mais íntimo e recôndito de nosso ser se torne manifesto ao público. Nem é preciso que o vejamos em nós! Somos com mais verdade "pessoas cristãs" quando nosso segredo mais íntimo permanece um mistério partilhado entre Deus e nós e é comunicado aos outros de modo ao mesmo tempo secreto e público.

Em outras palavras, o personalismo cristão não arranca o segredo íntimo e recôndito do indivíduo para exibi-lo num concurso espiritual de beleza. Pelo contrário, o progressivo desenvolvimento da conscientização de nossa própria personalidade nos torna capazes, ao mesmo tempo, de adivinhar e respeitar o segredo íntimo de nosso próximo, nosso irmão em Cristo.

Personalismo cristão significa, portanto, participação sacramental do segredo íntimo da personalidade no mistério do amor. Essa participação exige pleno respeito pelo mistério da pessoa, quer se trate de nossa própria pessoa ou da pessoa do próximo ou do segredo infinito de Deus. De fato, o personalismo cristão é a descoberta de nosso ser mais íntimo e do ser mais íntimo de nosso próximo no mistério de Cristo: uma descoberta que respeita o ocultamento e a incomunicabilidade do segredo pessoal de cada um, enquanto reconhece o valor da presença de cada um na celebração comunitária.

Ora, é precisamente na liturgia, a oração *pública* da Assembleia cristã, que o cristão melhor descobre o segredo de sua própria solidão inviolável e aprende a respeitar a soledade de seu irmão enquanto, ao mesmo tempo, dela participa. Não é isso possível sem a celebração *pública* dos mistérios; pública, evidentemente, para a Assembleia dos fiéis; não, porém, necessariamente, para os não iniciados.

A pessoa cristã se encontra e encontra seu irmão na *celebração comunitária do mistério de Cristo.* Mas o que é manifestado, proclamado, celebrado e consumado na liturgia não é a *minha* personalidade, ou a *sua* personalidade: é a personalidade de Cristo, o Senhor, que, quando dois ou três estão reunidos em seu nome, está *presente no meio de nós.* Essa presença de Cristo na celebração litúrgica leva-nos à descoberta e à manifestação de nosso próprio ser secreto e espiritual.

Lembremo-nos, porém, e admiremos acima de tudo, a discrição, sobriedade e modéstia com que a liturgia protege esse testemunho pessoal do cristão individual. Na celebração da liturgia, cada um de nós deve dar sua resposta pessoal e insubstituível ao chamado de Deus – à palavra que lhe é dirigida pelo Senhor na Igreja e através dela. Contudo, esse testemunho do nosso próprio ser mais íntimo, dado publicamente com inteira honestidade e sinceridade, permanece "secreto". Nossa modéstia espiritual é protegida pela reserva, a universalidade e, em certo sentido, a "impessoalidade" objetiva da ação litúrgica.

Longe de apresentar uma "diferença característica", longe de "nos destacarmos" como "fora do comum", em razão de nossos dons, nosso estilo e nossa "personalidade" no sentido popular do termo, nós nos aproximamos dos sacramentos com reserva disciplinada. Juntos cantamos, juntos oramos, adotamos as mesmas atitudes. Todavia, por estranho que pareça, essa "semelhança" não fere nossa individualidade; certamente, em nada diminui nosso fervor. Pelo contrário, é a garantia providencial de um entusiasmo espiritual casto que é tanto mais puro porque não tem necessidade de se exibir, ou mesmo de estar consciente de si próprio!

A liturgia é, portanto, pública: não, porém, no mesmo sentido de uma praça de mercado que é uma coisa pública. Nosso canto, nossa atitude, nosso testemunho pessoal não são expostos, por assim dizer, à venda, como uma mercadoria. Não estamos negociando nosso mais íntimo segredo para receber qualquer lucro: aprovação, consolação, autossatisfação ou por mera ambição.

"Que dará o homem em troca de sua alma?" Essa palavra é o próprio cerne do personalismo cristão. Nossa alma é insubstituível, não pode ser cambiada por *coisa alguma* no céu ou na terra. Mas, enquanto não tivermos ouvido Cristo falar, enquanto não houvermos recebido seu chamado no meio da Assembleia cristã (toda vocação à fé vem ao menos implicitamente através da Igreja), e enquanto não houvermos dado a Ele aquela resposta secreta e insubstituível que ninguém pode pronunciar por nós, enquanto não nos houvermos assim encontrado nele, não poderemos compreender plenamente o que significa ser uma "pessoa", no sentido mais profundo da palavra.

Enquanto não tivermos encontrado Cristo e penetrado no verdadeiro espírito da liturgia, haverá sempre a tentação de "vender nossa alma". Haverá sempre um estímulo impuro, instigado pelo contágio da falsidade profana, para nos incitar a espreitar o nosso mais íntimo segredo, a exibir nosso eu superficial, convidando os outros a manifestar o que em nós é insubstituível, oferecendo-se a "comprá-lo".

O personalismo secular ou profano é, portanto, ao mesmo tempo degradante e causa de frustração. Barateia e trai nossa alma, pondo-a à venda. Assim faz, confundindo com impertinência o domínio público e o privado. Engana-se, tomando o "privado" pelo "insubstituível", e invadindo a área na qual somos mais fracos e mais triviais, de maneira a exibir nossa insignificância, tornando-a "pública". Ao mesmo tempo, o personalismo profano supõe que alguém suficientemente rude para suportar essa violação seja uma autêntica "pessoa". Essa é nossa forma moderna de idolatria, uma religião que não serve para homens livres, porque escraviza.

Concluindo, é precisamente por ser pública, no sentido clássico da palavra, ou "política", que a liturgia nos torna capazes de descobrir e de expressar o sentido mais profundo do personalismo cristão. Devemos, em primeiro lugar, sair do domínio privado, "doméstico", que é o domínio da necessidade, a área própria às crianças e aos escravos, que ainda não têm um pensamento próprio e que, por isso, estão completamente absorvidos por suas necessidades corporais e emocionais. Devemos ser capazes de pôr de lado a preocupação "econômica" em relação ao nosso eu superficial e emergir para a luz da *polis* cristã, onde cada um vive não para si, mas para os outros, tomando sobre si a responsabilidade do todo. Evidentemente, ninguém assume essa responsabilidade por mera obediência a um capricho arbitrário ou na ilusão de ser capaz de tomar sobre seus ombros o ônus de toda a Assembleia. Mas ele imerge "em Cristo" para partilhar do trabalho e do culto do Cristo total e, para isso, tem de *sacrificar* seu próprio eu superficial e privado. O fruto paradoxal desse sacrifício do eu trivial e "egoísta" (ou, simplesmente, imaturo) é que, então, a pessoa se torna apta a descobrir seu eu profundo em Cristo.

Essa descoberta sugere um passo à frente, que vai além dos limites da liturgia, no sentido estrito da palavra. A vida e o culto público da Igreja não são ainda tudo. Há a contemplação que não é nem liturgia nem vida privada, porque a ambas transcende. A liturgia, como tal, pode levar à contemplação. Mas não é ainda contemplação, e aqueles que proclamam ser "a liturgia a mais alta forma de contemplação cristã" estão em erro. Ou, pelo menos, deveriam dar-se ao trabalho de fazer algumas distinções para classificar o que entendem por isso.

A liturgia é, como ensinaram os Padres da Igreja, obra da vida *ativa*. Prepara-nos para a contemplação, que é a perfeição final do personalismo cristão, uma vez que é a íntima realização da perfeita união com Cristo "num só Espírito". O mais alto paradoxo do personalismo cristão é ser um indivíduo "encontrado em Cristo Jesus" e, assim, "perdido" a tudo aquilo que pode ser considerado, de maneira mundana, seu "eu". Isso significa ser, ao mesmo tempo, aquilo que se é e Cristo. Todavia, isso não deve ser atribuído somente à iniciativa pessoal, à "oração privada" ou ao esforço individual. A contemplação é um dom de Deus dado na sua Igreja e através dela e de sua oração. Santo Antão foi levado ao deserto não por uma voz privada, mas pela palavra de Deus proclamada na igreja de sua aldeia egípcia, no canto do Evangelho na língua copta – exemplo clássico da liturgia abrindo o caminho a uma vida de contemplação! A liturgia, porém, não pode preencher essa função se não compreendermos ou se subestimarmos o valor essencialmente espiritual da oração pública cristã. Se nos agarrarmos a noções imaturas e limitadas do que é "privado", jamais nos poderemos libertar dos laços do individualismo. Jamais compreenderemos como a Igreja nos liberta de nós mesmos pelo culto público, cujo caráter precisamente público tende a nos ocultar "no segredo da face de Deus".

[1963]

Igreja e bispo, em Santo Inácio de Antioquia

> Tenho a felicidade de trazer um nome radiante de divino esplendor,
>
> assim acorrentado como estou canto os louvores das Igrejas,
>
> e oro para que nelas haja unidade, uma unidade baseada na carne e no espírito de Jesus Cristo, nossa vida perene; uma unidade baseada na fé e no amor, a maior bênção;
>
> e mais especialmente a unidade com jesus e com o Pai.
>
> Se nessa unidade suportarmos pacientemente todas as injúrias do príncipe deste mundo e escaparmos sem ferida,
>
> caminharemos felizes para Deus.

Estas palavras foram escritas, no ano 107 da era cristã, pelo bispo de Antioquia, à Igreja dos magnésios. Escreveu-as a caminho de Roma, onde o esperava o martírio. Escreveu-as na plena conscientização do esplendor da vocação cristã e episcopal. O esplendor da Igreja de Cristo. Possuía profunda experiência do mistério de Cristo, a experiência de um bispo e de um mártir quase contemporâneo dos apóstolos, que conhecera talvez pessoalmente São Pedro, São Paulo e São João.

Foi dessa plenitude de experiência que nasceu a eclesiologia de Santo Inácio. Não apenas uma teoria, não apenas uma doutrina, mas a santa, solene, hierática proclamação da maior de todas as realidades – o mistério de Cristo em sua Igreja. Quem o proclama é um bispo – sucessor direto dos apóstolos.

É característico de alguns dos grandes escritores, como o é também dos que penetraram mais profundamente no mistério de Cristo, o fato de encontrarmos, em quase cada página de suas obras, parágrafos que contêm, num claro resumo, o próprio cerne de sua mensagem. Assim acontece com Inácio de Antioquia. Toda a sua eclesiologia, em realidade toda a sua teologia, está contida, em breve síntese, nessa passagem aos magnesianos.

Sua teologia da Igreja é uma teologia de *kerygma* e aclamação. Não é uma coleção de teses dogmáticas, mas uma liturgia, um hino de louvor envolvendo um ato de sacrifício. Ele canta os louvores da Igreja, o Corpo de Cristo, nascida de seu verdadeiro Corpo, na sua verdadeira Paixão. Pois Inácio realça repetidamente a realidade de Cristo, carne e espírito, em sua presença histórica, em sua presença eucarística e em sua presença real em seu Corpo, a Igreja.

A teologia de Inácio é, ao mesmo tempo, um hino em honra da unidade e uma oração para a confirmação da unidade. Pela unidade e solidariedade na fé e no amor, a Igreja suporta todos os ataques do inimigo e, assim, todos os fiéis membros de Cristo se encaminham com segurança através deste mundo para o Pai.

Inácio se glorifica, em primeiro lugar, nessa felicidade ou privilégio que lhe é dado: o lugar que lhe foi reservado na Igreja e designado por um nome glorioso. Inácio, pois, estava profundamente consciente da importância de sua missão episcopal. A unidade de todas as raças em Cristo deve manifestar Deus ao mundo. Os muros que separam os homens na base das distinções raciais, nacionais e sociais devem ser destruídos. Judeu e gentio devem ser um em Cristo. A função de Inácio como bispo é, portanto, dupla: demolir os muros de divisão e manter a unidade na verdade e na caridade. É sobretudo no mistério litúrgico que Cristo está presente e age sobre os fiéis reunidos em assembleia litúrgica. É aí que ele os santifica e une, atraindo-os pelos laços mais estreitos da *ágape* cristã. E, assim, fortalece-os com sobrenatural energia para resistirem aos ataques dos inimigos da unidade.

Qual é esse nome "radiante de divino esplendor"? Talvez o nome de bispo, pois Inácio estava mais consciente do que qualquer outro santo bispo do verdadeiro sentido do episcopado. Talvez o nome de mártir, embora não estivesse ainda seguro de que esse nome lhe fosse aplicado, e orava intensamente para que lhe fosse concedido. Talvez seu próprio nome, "Ignatius", o "homem de fogo". Mais provavelmente seu cognome de *teóforos,* o "homem portador de Deus".

Inácio estava plenamente consciente, como cristão, como sacerdote, e, sobretudo, como bispo, de estar repleto da glória de Cristo ressuscitado. Sua vocação ao martírio era o penhor da iminente revelação dessa glória, nele consumada em união perfeita e até visível. Pois Inácio e seus contemporâneos estavam convencidos de que a hora do martírio era o clímax da vida cristã, e de que, nesse momento, a sagrada Paixão e Ressurreição do Senhor tornava-se visível e manifesta em seu mártir, sua testemunha, que penetrava, através da *pascha Christi,* na perfeita e imorredoura união com o Senhor ressuscitado.

1. A Igreja de Antioquia

Antioquia, naquele tempo, era a quarta cidade do império, depois de Roma, Alexandria e Ctesiphon. Era uma metrópole nova, quase como uma cidade americana moderna, planejada em blocos retangulares. Rica, cosmopolita, cidade de comércio e de prazer, grande base militar. Crisóstomo dizia de Antioquia que era "um mundo em si mesma". Precisava de um Apóstolo para ser seu bispo! Entre os judeus segregados no gueto, a Igreja de Antioquia tinha sido fundada por cristãos fugidos de Jerusalém após o martírio de Santo Estêvão. Consolidada por Paulo e Barnabé, Antioquia tornou-se a primeira Sé de Pedro, adquirindo, assim, dignidade toda especial e uma importância que jamais perdeu. Inácio pode mesmo ter sido o primeiro bispo depois de Pedro. São Crisóstomo, ele próprio bispo de Antioquia, declara ter sido Inácio ordenado por Pedro.

Como bispo de Antioquia, Inácio enfrentou problemas muito especiais: três graves fontes de perigo para a unidade e santidade de sua Igreja nascente.

1) Os cristãos judaizantes (conservadores) reagiam contra a admissão dos gentios e lutavam pela preservação dos ritos judaicos familiares. Ameaçavam a unidade viva da Igreja pelo seu exclusivismo, rigidez e apego ao passado.

2) Os pagãos, com sua pouca moralidade, seu cinismo, sua indiferença religiosa, seu desprezo pelos cristãos, ameaçavam a Igreja com ódio e perseguições violentas.

3) Os gnósticos, docetistas e outras seitas heréticas ameaçavam a unidade da fé pelo falso misticismo, e a unidade da caridade, com querelas e cisma.

Em 107, Inácio coroou seu episcopado com o sacrifício. Foi condenado à morte sob Trajano, foi enviado a Roma por terra, visitando as Igrejas em seu caminho, conferenciando com os bispos, exortando os fiéis e escrevendo suas epístolas como hinos processionais em preparação ao sacrifício. Alcançou Roma em tempo para presenciar a celebração das festas que duraram 23 dias, em regozijo pela conquista da Dácia. Nessa celebração, uns 10 mil gladiadores pereceram, 11 mil animais ferozes foram mortos na arena.

Um dos cristãos que morreu foi Inácio. Conhecemos suas célebres orações na Epístola aos romanos e na liturgia de sua festa: "*sitos Christou eimi*... eu sou o trigo de Cristo; possa eu ser moído pelos dentes das feras para tornar-me um pão puro". Não é essa apenas a voz do mártir e da testemunha do Cristo ressuscitado, mas é também a voz do bispo e da testemunha do Cristo vivo no Mistério de sua Igreja. E a voz de um pontífice, um homem da Igreja, um homem de sacrifício que compreende nitidamente ser a Eucaristia o centro vivo e radiante do Mistério da Igreja, pois aí Cristo reúne o clero e os fiéis em redor do bispo para uni-los ao seu sacrifício e partilhar com eles o fruto de sua gloriosa vitória.

2. O mistério da Igreja

Todas as curtas epístolas de Santo Inácio têm estrutura comum. Foram escritas para serem lidas na assembleia litúrgica. Cada uma começa por uma saudação à Igreja à qual é dirigida. Essas saudações nada têm da pompa e do formalismo das saudações das cartas oficiais romanas. São improvisações líricas, hinos proféticos em honra do mistério de Cristo na Igreja – não apenas Cristo na Igreja como um todo, mas também Cristo em cada igreja local reunida em torno de seu bispo, como testemunho do amor misericordioso e salvífico de Deus pelos homens.

Cada saudação demonstra com nitidez que, para Inácio, cada igreja é um ser vivo, ou melhor, parte do grande organismo vivo que é o Corpo de Cristo. Não é apenas uma organização social, é uma pessoa mística, vivificada pela presença de Cristo. A Igreja é a manifestação de Cristo que, por sua vez, é a revelação do Pai. Pelo mistério da Igreja, o Deus invisível se torna conhecido ao mundo.

Após a saudação, Inácio geralmente exorta os fiéis à reverência e à obediência para com o seu bispo, representante visível do Cristo invisível presente no meio deles.

Em seguida, delineia sua doutrina sobre a unidade da Igreja em Cristo, a Igreja como Corpo de Cristo, unida em uma fé, uma esperança, uma caridade, em redor dos bispos, presbíteros e diáconos.

Inácio refere-se com frequência ao seu próprio martírio, especialmente como testemunha da realidade de Cristo, realidade da carne e do sofrimento de Cristo. Realidade da Eucaristia. É pelo martírio que Inácio espera tornar-se um cristão em plenitude, no sentido de alguém que "encontrou a Cristo" e se tornou perfeitamente "unido a Cristo e ao Pai".

Acrescenta outras exortações geralmente relacionadas com a unidade na obediência e no amor, na mansidão, no evitar as disputas. Sobretudo, acautela os cristãos contra a heresia. A união humilde e fiel a seu bispo e aos presbíteros será a garantia contra o erro e a dissensão.

Voltemos, agora, às saudações com que se iniciam as epístolas. São, frequentemente, a parte mais lírica e rica da carta. Só dessas saudações podemos extrair quantidade inesgotável de material para reconstruir a eclesiologia de Santo Inácio.

Cada igreja é digna de todo louvor, cada uma é abençoada, esplêndida, gloriosa, o "*pleroma*" do amor divino, predestinada desde toda a eternidade, objeto de uma eleição admirável feita em Cristo pelo Pai. Mais especialmente cada igreja é "escolhida na Paixão". Cada igreja foi objeto do amor de predileção de Cristo ao morrer na Cruz, e é assim chamada a uma inefável dignidade.

Cada qual deve concentrar-se inteiramente em dar uma resposta digna a esse amor, a ter uma conscientização profunda da elevação desse chamado no mistério da Paixão e da Ressurreição. E porque cada Igreja é assim escolhida, é também iluminada, repleta de uma luz especial, a luz de sua vocação. Deve ser purificada por essa mesma luz, deve cooperar na sua própria purificação por essa luz. A cooperação consiste em eliminar tudo que concorre para a desunião no pensamento, no culto e no amor.

À medida que cada igreja responde a esse chamado, ela se adianta para a luz, permanece na unidade, na graça de Deus por Jesus Cristo, torna-se um hino de alegria e de louvor, glorificando o Pai pela união com Ele em Cristo.

Assim, por exemplo, saúda ele a igreja de Filadélfia:

> A igreja que encontrou misericórdia e é, irrevogavelmente, um espírito com Deus;
>
> que exulta sem vacilar na Paixão de Nosso Senhor e crê firmemente na sua Ressurreição por pura misericórdia.
>
> Essa igreja eu saúdo no Sangue de Jesus Cristo.
>
> É ela uma fonte de alegria perene, especialmente quando seus membros formam uma só coisa com o seu bispo[1].

Se alguém procura a Cristo, se alguém procura a santidade, o caminho é claro. Deve procurar a comunidade dos fiéis. Deve entrar no ágape, a comunidade de amor que é a sua igreja local. Ele encontrará a igreja como a de Esmirna,

---

1. Epístola aos filadelfos, prólogo.

> transbordante de fé e de amor
> sem que nenhum dom lhe falte,
> Radiante do esplendor de Deus, mãe fecunda de santos[2].

Leiamos, por exemplo, a magnífica saudação à igreja de Roma, "presidindo no amor":

> Inácio, também chamado Teóforo, à igreja que encontrou misericórdia na transcendente majestade do Pai Altíssimo e de Jesus Cristo, seu Filho único;
>
> A igreja pela vontade d'Aquele que quis que todas as coisas existissem,
>
> bem amada e iluminada pela fé e pelo amor de Jesus Cristo nosso Deus;
>
> que preside também, no lugar principal do território romano;
>
> Igreja digna de Deus, digna de honra, digna de felicitação,
>
> digna de louvor, digna de êxito, digna de santificação e presidindo no amor, guardando a lei de Cristo e portadora do nome de seu Pai:
>
> a ela, portanto, saúdo em nome de Jesus Cristo, Filho do Pai.
>
> Os mais cordiais votos de alegria sem sombra em Jesus Cristo nosso Deus,
>
> aos que estão unidos na carne e no espírito por todo mandamento seu, que gozam imperturbavelmente de toda a medida da graça de Deus e nos quais toda mancha estranha foi tirada[3].

---

2. Epístola aos esmirnenses, prólogo.

3. Epístola aos romanos, prólogo.

3. Una sancta

Das quatro características da Igreja expressas no símbolo de Nicéia, "una, santa, católica e apostólica", três são nitidamente desenvolvidas por Santo Inácio. Quanto à quarta, a apostolicidade, deve ser nele procurada antes implícita do que explicitamente. Estava demasiadamente próximo dos Apóstolos para poder desenvolver essa característica pormenorizadamente e com perspectiva. Entretanto, devemos, ao mesmo tempo, recordar que foi ele o maior e quem mais falou, entre os Padres Apostólicos. Suas cartas estão repletas de transbordamento da doutrina ensinada por São João e São Paulo. Sua própria vida, todas as suas palavras, suas ações e sua morte são um testemunho vivo da apostolicidade da Igreja.

Santo Inácio é o primeiro de todos a utilizar a palavra "católica", referindo-se à Igreja. A Igreja universal, que é a unidade de todas as Igrejas, é a *katholiké.* Une em si todas as raças e todos os povos, pois são todos chamados à unidade e à paz em Cristo. Excluir alguém por motivo de raça ou de meio social é ferir a unidade viva do Corpo de Cristo. A Igreja é presidida pelo próprio Cristo, que preside também a cada igreja local. Cristo é o bispo de toda a Igreja e o bispo de cada igreja local. Mas cada igreja tem, também, seu "bispo visível", que é simplesmente o representante de Cristo invisivelmente presente onde quer que esteja o próprio bispo.

A unidade e a santidade da Igreja se irradiam em cada página das cartas de Inácio. São o cerne de toda a sua doutrina. Inácio se denomina a si mesmo "o homem feito para a unidade". Ele é o cantor da unidade.

De um modo especial, isso o faz ver claramente que unidade e santidade vão juntas. Estão em proporção direta uma para com a outra. Quanto mais a Igreja é uma com o Pai e com Jesus Cristo, tanto mais participa da santidade deles, pela participação na fonte de toda santidade, que é a Paixão de Cristo.

Todavia, a unidade invisível e espiritual dos fiéis em Cristo é inseparável de sua união na ordem visível, por Ele estabelecida. Para Inácio, não há contradição entre os aspectos "espiritual" e "tradicional" da Igreja. A realidade da unidade em Cristo tem de ser provada e verificada pela unidade com o bispo e os presbíteros na fé, no culto, no amor, pois onde estiver o bispo, aí está Cristo. Inácio afirma fortemente a estrutura hierárquica da Igreja visível, isso é essencial a sua doutrina sobre a unidade. A assembleia dos fiéis unidos em torno do bispo no sacrifício litúrgico é uma só coisa com Cristo crucificado e ressuscitado, e com ele se oferece, na alegria e na glória, ao Pai.

Por outro lado, toda influência que leva à desunião, leva também à corrupção e à morte espiritual. Não só isso, mas obscurece e afasta a presença vivificante de Cristo! A Igreja é um corpo, e um corpo vivo. Tem de ser mantida organicamente um todo, pela presença constante do próprio Cristo, e onde há divisão, onde se resfria o amor, desaparece a vida e surge a desintegração. Uma Igreja cindida pelas divisões seria uma Igreja moribunda. Uma Igreja completamente dividida, completamente separada da unidade com a Cabeça, fonte de vida, seria um corpo morto e exalaria odor de corrupção. Em lugar de manifestar Cristo ao mundo, apenas manifestaria falsidade, escuridão e morte. Seria uma contradição viva. Daí a luta para a santidade ser também, primariamente, a luta pela unidade.

O que o cristão faz pela unidade em Cristo é, portanto, o fator mais decisivo em favor de sua própria santificação. A maior de todas as ações é entregar a própria vida por seus irmãos, em união com a Paixão de Cristo. É a coragem e o sacrifício de si mesmos sem compromissos, dos mártires, especialmente dos bispos mártires, que cimenta a unidade da Igreja, na realização da participação eucarística, na qual a Paixão é representada pela união e a solidariedade dos fiéis no amor.

Em resumo: respondemos ao chamado que Cristo nos faz em sua Paixão. Chegamos à unidade na Igreja pela obediência ao bispo, unidade da qual ninguém pode ser excluído por motivo de raça ou de posição social. Quanto mais perfeita for essa unidade, tanto mais ela exala odor de incorruptibilidade e imortalidade, a presença de Cristo ressuscitado. E isso é testemunhado pelo sacrifício jubiloso dos mártires.

4. O perfume da incorruptibilidade

O fato de Santo Inácio identificar a santidade com a "incorruptibilidade" mostra que, nisso como em tudo mais, ele é profundamente realista. Sua noção da santidade é, antes de tudo, ontológica. A santidade do cristão é uma participação na vida e na santidade de Deus através de Cristo. Mas, uma vez que Cristo é uma só coisa com a Igreja, a santidade do cristão consiste na união com Deus através da Igreja. "É, portanto, proveito vosso continuar vossa união sem mácula, para que em todo tempo possais participar de Deus"[4].

A participação na vida e na graça de Cristo é descrita por Inácio em termos muito concretos. Participar da vida e da luz de Cristo ressuscitado é participar de sua incorruptibilidade e, assim, não ter em si parte nenhuma com a morte, o erro, o ódio e o conflito. A sagrada novidade de vida em Cristo manifesta-se através da unidade dos fiéis como sublime "perfume de incorruptibilidade". Aqui nos é lembrado que Inácio, como Gregório de Nissa e Orígenes, é um verdadeiro oriental, e que ele se compraz na linguagem simbólica dos "sentidos espirituais". Aliás, estes não são, para ele, puramente simbólicos. Sentimos que "o bom odor de Cristo" era algo de verdadeiramente objetivo, que podia ser "percebido" pelo cristão batizado. Diz ele, em todo caso, que a presença de Cristo na unidade dos cristãos é como "o bom odor da incorruptibilidade", enquanto a desunião e as querelas sobre doutrinas suspeitas dão à assembleia o mau cheiro da corrupção.

"O Senhor permitiu que lhe derramassem mirra sobre a cabeça, para que ele pudesse, com seu sopro, derramar a incorruptibilidade sobre a Igreja. Não permitais

4. Epístola aos efésios 4,2.

serdes ungidos com a doutrina de mau odor do príncipe deste mundo"[5].

Quando unidos aos bispos e presbíteros, os fiéis apresentam ao mundo "um modelo e uma lição de incorruptibilidade"[6]. Qual é esse modelo e qual essa lição? É a revelação do arquétipo da unidade na própria natureza divina, a unidade do Pai e do Filho. É uma manifestação do mistério íntimo de Deus através da unidade da Igreja em Cristo[7]. É uma manifestação da vida divina na unificante caridade que supera todo conflito e estabelece a paz.

Como é importante, para nós, recordar esse aspecto vital da doutrina de Santo Inácio e da Igreja primitiva! Sempre que Inácio fala em "unidade", podemos substituí-la pela palavra "paz". Em verdade, são ambas a mesma coisa. O poder da vitória de Cristo é manifestado no modo pelo qual a Igreja dá paz e reconciliação a elementos que, naturalmente falando, não podem ser reconciliados. A missão divina e sobrenatural da Igreja é principalmente missão de paz. Daí se segue que a vida moral do cristão deve ser solidamente construída sobre a pedra angular da unidade e da paz. As virtudes cristãs mais importantes são as que mais contribuem para a paz. São, acima de tudo, a caridade, a submissão humilde no sacrifício de si mesmo, a obediência, a mansidão e, evidentemente, na raiz de tudo isso, aquela fé que nos mantém em contato constante com Cristo, "nossa inseparável vida".

---

5. Epístola aos efésios 17,1

6. Epístola aos magnésios 6,2.

7. Cf. Epístola aos efésios 3 etc.

Quando os fiéis vivem assim na unidade e na paz, superando o mal com o bem, e desarmando a violência pela mansidão e a submissão a Cristo, não podem deixar de ser santos, porque estão "mergulhados em Deus"[8]. Como serem, então, outra coisa senão incorruptíveis? Como poderão deixar de encher o mundo com o perfume da incorruptibilidade?

É nessa luz que vemos o sentido pleno da famosa descrição de Inácio sobre a Eucaristia como "remédio de imortalidade". Não somente a Eucaristia predispõe misteriosamente os corpos dos cristãos para uma vida ressuscitada na nova criação depois da parúsia. Contudo, é um remédio de imortalidade aqui e agora, uma fonte de incorruptibilidade *precisamente porque é um sacramento de unidade* e de caridade. É o sacramento que aprofunda e amadurece nossa união uns com os outros em Cristo, que nos santifica ainda mais, todos juntos, em Cristo. É o sacramento pelo qual a própria Igreja, una e santa, cresce constantemente em santidade e em incorruptibilidade. Unindo-nos mais perfeitamente no verdadeiro Corpo de Cristo, esse sacramento, portanto, nos imerge na sua imortalidade, pureza e incorruptibilidade.

"Por bebida, exclama Inácio, quero o Sangue de Cristo, que é amor incorruptível"[9]. Mas esse vinho de incorruptibilidade leva ao mais nobre inebriamento – o martírio. Pois o mártir, entregando sua vida por Cristo e pela Igreja,

---

8. Epístola aos magnésios 14,1.

9. Epístola aos romanos 7,3.

atinge o amor incorruptível, amor que é puramente de Deus, sem mistura de qualquer apetite pelas coisas do mundo ou da carne.

5. Conclusão

A bela imagem de "incorruptibilidade" que se comunica como um perfume paradisíaco de vida nova foi tomada e desenvolvida por muitos Padres da Igreja Oriental. São Cirilo de Alexandria leva mais longe do que Inácio de Antioquia, mostrando-nos que havia algo de incompleto na eclesiologia do bispo-mártir da Síria. Diz Cirilo: "O Espírito Santo é como o perfume da essência de Deus, perfume vivo de Deus, perfume vivo e ativo que traz as coisas de Deus às criaturas, e Ele próprio lhes assegura uma participação na substância que está acima de tudo que existe"[10].

Vemos aqui, como também em Inácio, o mistério de nossa participação na vida divina, na própria natureza divina, que é a suprema santidade. Vemos também essa participação manifestada como um perfume místico e vivificante, perceptível aos "sentidos espirituais". Mas Inácio não desenvolve a ideia de que o Espírito Santo é nosso laço de união com o Pai em Cristo. Como também o poder divino e santificante do amor que chega até nós do mistério da divindade em Cristo e através dele.

O mistério de nossa santificação em Cristo é, portanto, que o amor de Deus, o laço entre o Pai e o Filho,

---

10. *In Joannis Evangelium* 11,2.

isto é, o Espírito Santo, vem a nós, de Cristo, e faz brotar a vida divina e a semelhança a Cristo. O Espírito Santo faz viver Cristo em nós quando o amor que nos vem de Cristo se torna nosso amor e permanece em nós, enquanto permanece nele. Esse mesmo amor, esse mesmo Espírito nos une todos uns aos outros em Cristo.

A doutrina de Inácio é, portanto, extremamente simples e profunda, repleta de implicações de muita riqueza. É eminentemente realista, no sentido de que flui de uma experiência, divinamente concedida, da mais íntima realidade do mistério de Cristo em sua Igreja. A chave para essa experiência é a fé de Inácio na *realidade* do Corpo e do Espírito do Verbo Encarnado, a *realidade* da Paixão e Ressurreição de Cristo e a *realidade* de nossa comunhão sacramental ao Corpo e Sangue nesses mistérios litúrgicos sublimes em que os membros de Cristo são "consumados na unidade".

[1961]

Tempo e liturgia

A liturgia aceita nossa experiência comum cotidiana do tempo: aurora, meio-dia, ocaso; primavera, verão, outono, inverno. Não há motivo para a Igreja, em sua oração, fazer outra coisa "com o tempo", pela razão óbvia de que ela nada tem contra ele. A Igreja não está lutando contra o tempo. O cristão não considera, ou, pelo menos, não precisa considerar o tempo um inimigo. O tempo não lhe está fazendo nenhum mal, não é um obstáculo entre ele e seus desejos. O tempo não está roubando nenhum de seus tesouros.

Para compreender a atitude do cristão e da liturgia frente ao tempo, devemos ter uma profunda compreensão da esperança e da confiança cristãs. Basicamente, o cristão está em paz com o tempo porque está em paz com Deus. Não precisa mais ser temeroso e desconfiado em relação ao tempo, porque ele agora compreende que este não está sendo utilizado por um "destino" hostil para determinar o curso de sua vida num sentido que ele jamais poderá conhecer e para o qual não se pode preparar adequadamente. O tempo, agora, chegou a um acordo com a liberdade do homem. Quando o homem não está libertado do pecado, o tempo se torna seu inimigo, pois cada momento é uma ameaça de destruição.

Cada instante pode ser aquele em que a irrealidade que o homem escolheu pecando se encontrará face a face com a reprovação cataclísmica, instante que é o fruto do servilismo, da abnegação da liberdade, do abandono ao determinismo de forças inferiores ao homem.

Mas quando o homem recobra, em Cristo, a liberdade dos filhos de Deus, vive no tempo *sem predeterminação,* porque a graça sempre há de proteger sua liberdade contra a tirania do mal. O cristão sabe, pois, que o tempo não murmura uma ameaça implícita de escravização e destruição final. O tempo dá largas, pelo contrário, a sua liberdade e a seu amor. O tempo dá plena oportunidade para a gratidão, para aquele sacrifício de louvor que é a expressão total da filiação do cristão no Espírito. Em outras palavras, o tempo não *limita* a liberdade, mas lhe dá largas ao exercício e à opção. Para o cristão, é, pois, o tempo a esfera de sua espontaneidade, é dom sacramental em que pode ele permitir à sua liberdade expandir-se na alegria, na virtuosidade criativa de opção que é sempre abençoada com a plena conscientização de que Deus quer que seus filhos sejam livres, e de que essa liberdade o glorifica. Pois Deus se compraz não em ditar soluções predeterminadas a enigmas providenciais, mas em dar ao homem oportunidade de escolher e criar para si soluções que são gloriosas em sua própria contingência. Significa isso que todos os atos e decisões temporais são desprezados e abandonados à imperscrutável vontade divina, enquanto o cristão se diverte num domínio de "liberdade" desencarnada, abstrata e puramente espiritual?

Não, ao contrário, até as mais humildes e contingentes decisões da vida terrena e temporal participam desse domínio cristão de louvor.

Assim, o cristão não teme o relógio nem é seu cúmplice astucioso. A vida cristã, em realidade, não é uma "vitória sobre o tempo", porque o tempo não é, nem pode ser, um verdadeiro antagonista. Evidentemente, a vida cristã é uma vitória sobre a morte, mas uma vitória que aceita a morte e aceita o lapso de tempo que, inevitavelmente, leva à morte. No entanto, a vida cristã realiza isso plenamente consciente de que a morte não é, em nenhum sentido, um triunfo sobre o tempo. Para o cristão, o tempo não é mais um devorador de todas as coisas. O culto cristão está em paz com o tempo, porque o *lapso* de tempo não mais interessa ao cristão, cuja vida está oculta com Cristo em Deus.

A liturgia aceita, também, a imagem natural, o arquétipo de um "tempo sagrado", um tempo primordial que volta misteriosamente e está presente no próprio coração do tempo secular. Cada vez que o Evangelho é cantado na liturgia, começa com a fórmula "naquele tempo" (*in illo tempore*), e a fórmula, com efeito, destrói a passagem do tempo, cumula todo o tempo que já passou desde "naquele", pois, na liturgia, o "naquele" das ações salvíficas de Cristo é "agora", no mistério redentor da oração da Igreja. Assim, embora "naquele tempo" possa talvez sugerir algo de "era uma vez" do conto de fadas, é, em realidade, de uma dimensão totalmente diferente. Não é *fora do tempo,* não é fuga do fluxo e refluxo da vida, e sim afirmação da plenitude da vida presente "agora" como "naquele tempo" – nem no tempo, nem fora do tempo. A mudança e a duração não são separadas pela Igreja como absolutas em si mesmas. Não são a medida de realidades com as quais ela se preocupa. Entretanto, ela utiliza nossa experiência familiar do tempo como "matéria", por assim dizer, de uma ação sacramental e santificante. O tempo é transformado pela bênção e pela oração da Igreja.

A própria história adquiriu sentido novo, ou melhor, seu sentido oculto foi revelado, quando a Palavra de Deus se encarnou e entrou na história. O próprio tempo se transformou, agora, em Epifania do Criador e do Redentor, o Senhor dos tempos. E, contudo, o tempo adquiriu nova solenidade, nova urgência, desde que o Senhor mesmo declarou que o tempo teria fim.

Vivemos no reino de Cristo, o novo mundo consagrado a Deus, o reino messiânico, a nova Jerusalém. A história do reino se está desenrolando, mas o mistério da fé, oculto aos sábios deste mundo (1Cor 1,19-21), e o dia de sua manifestação final estão reservados para o futuro – o fim dos tempos.

O tempo que agora está compreendido entre os dois Adventos de Cristo – sua primeira vinda, na humildade e na obscuridade, e a segunda, na majestade e no poder – foi reivindicado por Deus como lhe pertencendo. O tempo há de ser santificado, como tudo mais, pela presença e ação de Cristo.

A redenção não é simplesmente um fato histórico do passado, com efeito jurídico sobre almas individuais. É uma realidade sempre presente, viva e eficaz, que penetra nas mais íntimas profundezas de nosso ser, pela palavra da salvação e o mistério da fé. A redenção é o próprio Cristo "que se tornou para nós sabedoria e justiça de Deus, santificação e redenção" (1Cor 1,30), vivo e partilhando com seus eleitos sua vida divina. Ser redimido não é apenas ser absolvido da culpa diante de Deus, é também viver em Cristo, renascer pela água e pelo Espírito Santo, para ser nele nova criatura e viver segundo o Espírito.

Dizer que a redenção é uma realidade sempre presente é dizer que Cristo se apoderou do tempo e o santificou, dando-lhe caráter sacramental, fazendo-o sinal eficaz de nossa união com Deus, nele. Assim, o "tempo" é um meio que torna o fato da redenção presente a todos os homens.

Cristo deu sentido e poder especiais ao ciclo das estações, que, em si, são "boas" e, por sua própria natureza, têm a capacidade de significar Deus em nossa vida: pois as estações expressam o ritmo da vida natural. São a sístole e a diástole da vida natural de nosso globo. Jesus tornou esse vaivém de luz e trevas, atividade e repouso, nascer e morrer, o sinal de uma vida mais elevada, vida que vivemos nele, vida que não conhece declínio e dia que não se transforma em treva. É o "dia do Senhor" que desponta novamente para nós cada manhã, o dia de Páscoa, o "oitavo dia", a *Pascha Domini*, o dia da eternidade, que brilha sobre nós, no tempo.

Para o homem decaído e não remido, o ciclo das estações, o próprio giro do tempo é mera prisão espiritual. Cada nova primavera traz-lhe esperança temporária. Outono e inverno destroem essa esperança, com sua constante lembrança da morte. Pois para o homem que vive somente na carne, apenas no plano de sua natureza, o homem que vive sem Deus, as grandes realidades do amor e da fertilidade humanas não têm solução. Nascemos de pais que desaparecem da face da terra e são esquecidos. Por nossa vez, crescemos, tornamo-nos fortes, geramos filhos e, depois, também nós enfraquecemos, morremos e somos esquecidos. Nossos filhos, por sua vez, passarão pelo mesmo ciclo, que termina inexoravelmente na morte e no esquecimento.

É como se a natureza inteira estivesse lutando para subir, mas lutando em vão. Geração após geração, ela acende as chamas de inúmeros espíritos humanos portadores de um destino eterno, vidas que têm aspirações insaciáveis em relação ao amor, à sabedoria e à alegria em Deus. As chamas surgem por um breve momento e, depois, declinam e se extinguem. São seguidas por outras. Nenhuma delas pode alcançar a eternidade. O ciclo das estações nos lembra, por essa perpétua renovação e perpétua morte, que a morte é o fim de tudo. O universo, que uma vez surgiu, um dia se tornará frio e morrerá. Que há de permanecer? Tal é a visão da vida e do tempo sugerida pelas religiões de mistérios helenistas, com suas bases ontológicas no platonismo. O tempo, âmbito da matéria e do devir, é a prisão de espíritos eternos e divinos, que foram punidos por causa de sua descida em corpos, e que procuram desesperadamente um meio de voltar à região puramente espiritual que é a sua "pátria"; esse clima de dualismo e de mito influenciou de fato o pensamento cristão, embora não se encontre na Bíblia.

O pagão moderno, filho da técnica ou do "homem massificado", nem chega a experimentar a angústia do dualismo ou o conforto do mito. Suas ansiedades não brotam mais da aspiração eterna, embora estejam certamente enraizadas numa conscientização da morte. "O homem massificado" é algo mais do que decaído. Vive não somente abaixo do nível da graça, mas abaixo também do nível da natureza – abaixo de sua própria humanidade. Não mais em contato com o mundo criado ou consigo mesmo, sem comunicação com a realidade da natureza, vive num mundo de obsessões coletivas, o mundo de sistemas e ficções com que o homem moderno se rodeou. Em tal mundo, a vida do homem já não é sequer um ciclo de estações, é uma fuga horizontal para o nada, uma fuga da realidade e de Deus sem propósito e objetivo, a não ser o de ficar em contínuo movimento, para não ter que encarar a realidade[11].

Para viver em Cristo, temos primeiramente de nos libertar dessa fuga horizontal para o nada, e reencontrar o ritmo e a ordem da verdadeira natureza do homem. Antes de nos podermos tornar deuses, temos de ser homens.

Para o homem em Cristo, o ciclo das estações é inteiramente novo. Tornou-se um *ciclo de salvação.* O ano não é simplesmente outro ano, é, sim, o *ano do Senhor* –

---

11. Cf. PICARD, Max. *The fight from God.* South Bend: St. Augustine Press, 2025.

um ano no qual a própria passagem do tempo nos traz não só a renovação natural da primavera e a fecundidade do verão, mas também a fecundidade espiritual e interior da graça. A vida da carne que surge e flui como as estações, e tende sempre para o seu declínio, é elevada e suplantada pela vida do espírito, que não conhece diminuição, que cresce sempre naqueles que vivem com Cristo o ano litúrgico. “Pois embora o nosso homem exterior seja destruído, nosso homem interior se renova de dia para dia. Sabemos com efeito que se esta tenda, nossa morada terrestre, for destruída, temos uma casa que é obra de Deus, morada que não é feita pela mão dos homens, mas é eterna e está no céu” (2Cor 4,16; 5,1).

Havendo a Palavra de Deus entrado no tempo por seu nascimento da Virgem Mãe, mudou o ciclo das estações, transformando-o de prisão em libertação. A Igreja ora a Deus, no Natal, para que “o Novo nascimento de teu Unigênito feito homem nos liberte do jugo do pecado em que nos retém o antigo cativeiro”.

A liturgia faz com que a própria passagem do tempo santifique nossas vidas, pois cada nova estação renova um aspecto do grande Mistério de Cristo vivo e presente em sua Igreja. Cada estação que se renova mostra-nos um meio novo em que vivemos nele, e no qual ele age no mundo. Cada nova festa chama nossa atenção para a grande verdade de sua presença em nosso meio, e nos mostra um aspecto diferente do mistério Pascal no mundo, seja no ciclo temporal, seja no dos seus santos, seja nos seus sacramentos, e ainda na sagrada construção de suas igrejas, seus altares e nas relíquias de seus santos.

O ciclo litúrgico renova nossa redenção em Cristo, liberta-nos da servidão do pecado e da corrupção de um modo de ser "carnal". O ciclo litúrgico mostra-nos que, embora presos numa luta entre a carne e o espírito, somos, de fato, a Igreja "combatente" – a Igreja militante – e, contudo, a vitória já é nossa. Possuímos a graça de Cristo, único a poder libertar-nos do "corpo de morte", Aquele que está em nós é mais forte que o mundo. Ele "venceu o mundo". No ciclo do ano santificado, a Igreja respira ritmicamente a atmosfera vivificante do Espírito, e a circulação de seu sangue é purificada dos elementos de morte. Ela vive em Cristo e com Ele louva o Pai.

Assim, enquanto o ciclo do tempo é prisão sem possibilidade de fuga para o homem natural vivendo "na carne" e fadado a desaparecer com o restante de seu mundo que passa, e enquanto o tempo é para o homem de nossas cidades apenas fuga horizontal de Deus, para o crente que vive em Cristo cada novo dia renova sua participação no mistério de Cristo. Cada dia é uma nova aurora daquele *lumen Christi,* a luz de Cristo que não conhece ocaso.

O ano litúrgico renova os mistérios de nossa redenção cada dia na missa e no ofício divino. Renova nossa participação em mistérios particulares da vida de Cristo. Ensina-nos os caminhos dos santos e renova nossa união com eles na caridade do Espírito. É um ano de *salvação,* mas é também um ano de *iluminação* e *transformação.*

Os mistérios do ciclo litúrgico não só trazem novo transbordar das águas salvíficas da graça, mas iluminam nossas mentes com visões penetrantes em relação aos caminhos de Deus, sempre antigos e sempre novos. Eles nos ensinam mais sobre Cristo, mostram-nos mais coisas sobre o sentido de nossa vida nele, fazem-nos crescer nele, transformam-nos nele. De fato, a liturgia é a grande escola da vida cristã e a força transformadora que refaz nossas almas e nossos caracteres à semelhança de Cristo.

Dom Odo Casei compara o ano litúrgico a uma aliança que a Igreja, esposa virgem de Cristo, apresenta, jubilosa, como sinal de sua união com o Verbo Encarnado. Essa aliança sagrada é o dom de Cristo à sua Igreja, penhor de seu amor e de fidelidade a suas promessas. O "ciclo" ou "círculo" da liturgia, que volta perpetuamente a seu princípio, é o símbolo da unidade de Deus, que é eternamente o mesmo e sempre novo.

Mais que isso, no entanto, o ciclo litúrgico das festas é um símbolo daquele primeiro "ciclo" de ações pelas quais Cristo remiu o mundo – o círculo (aliança) criado por sua descida no tempo, sua vida, morte, ressurreição e ascensão ao céu, restaurando todas as coisas em si mesmo, para o Pai.

"O Pai vos ama porque me amastes e crestes que eu saí do Pai. Saí do Pai e vim ao mundo. E agora deixo o mundo e vou para o Pai" (Jo 16,28).

Essas palavras de São João demonstram que a crença da Igreja em Cristo não é mero assentimento estático à sua existência histórica, mas participação dinâmica no grande ciclo de ações que manifesta, no mundo, o amor do Pai para com aqueles que Ele chamou à união com

Ele, em seu amado Filho. Não se trata simplesmente de estarmos "salvos" e de que o Pai perdoa a dívida contraída por nossos pecados, mas se trata do fato de sermos *amados* pelo Pai, e amados na medida em que cremos que Ele enviou seu Filho e o chamou de retorno ao Céu, depois de lhe haver colocado nas mãos todo o poder.

No ano litúrgico, a Igreja contempla e aclama essa ação do Pai que tanto amou o mundo, que lhe deu seu Filho único para salvação dos homens. É um diálogo entre a humanidade e o Pai, em que o Pai se manifesta em sua Palavra; em que a Igreja, cheia do Espírito do Pai e do Filho, louva e exalta a glória do Pai juntamente com a do Filho.

Penetrar no ciclo litúrgico é participar na grande obra da redenção efetuada pelo Filho. "Liturgia" é "obra comum" – labor sagrado no qual a Igreja coopera com o divino Redentor revivendo Seus mistérios e aplicando Seus frutos a toda a humanidade.

É bem patente que a Igreja não considera a liturgia mera fonte de satisfação estética ou expressão de cultura cristã que estimula a piedade e a devoção. Tampouco é a liturgia apenas um caminho no qual a sociedade cristã se torna formalmente consciente de sua existência e de sua relação com Deus, de maneira a louvá-lo. É uma *obra* na qual a Igreja colabora com o divino Redentor, renovando sobre seus altares os sagrados mistérios que são a vida e a salvação do homem, pronunciando novamente as palavras de vida, capazes de salvar e transformar nossas almas, abençoando de novo os enfermos e os possessos e pregando seu Evangelho aos pobres.

Na liturgia, pois, a Igreja deseja que tenhamos consciência de que encontramos o mesmo Cristo que passava fazendo o bem e que continua presente entre nós, onde quer que dois ou três estejam reunidos em seu nome. E nós o encontramos participando de sua vida e de sua redenção. Encontramos Cristo para *sermos* Cristo e, com Ele, salvar o mundo.

Para podermos compreender o sentido pleno da liturgia, temos que possuir a concepção litúrgica do tempo.

O "presente" cristão na liturgia tem algo do caráter da eternidade, em que toda a realidade está presente ao mesmo tempo. O passado e o futuro se tornam, portanto, presentes nos mistérios da liturgia. No mistério do Advento, a Igreja não só revive o anseio dos profetas e dos patriarcas pela vinda do Redentor, não só ora a Deus pela graça de uma "nova natividade" no Natal, mas também antecipa a vinda de Cristo no Último Dia. Em cada mistério litúrgico, a Igreja abraça toda a história da salvação do homem, enquanto concentra sua atenção atual num momento particular da história.

No Natal, celebramos a vinda de Deus ao mundo. Contemplamos especialmente seu nascimento em Belém, e vemos como esse nascimento nos revela a infinita misericórdia de Deus. Mas, ao mesmo tempo, voltamos ao início de tudo. A geração da Palavra no seio do Pai está sempre presente em nós, e nós avançamos para o fim de todas as coisas quando, voltando Cristo novamente ao mundo no Dia do Juízo, tomando todas as coisas a si, fazendo novas todas as coisas, nós próprios participaremos, pela glória, de sua filiação divina e eterna e ouviremos a voz do Pai, dizendo-nos, nele: "Hoje, eu te gerei!".

Em todo mistério litúrgico, temos essa visão telescópica do tempo e da eternidade, do que é universal e pessoal e comum a todas as épocas, do que está acima e além de todo tempo e lugar e do que é mais particular e imediato ao nosso próprio tempo e lugar. Cristo, em sua infinita grandeza, tudo abraça, o divino e o humano, o espiritual e o material, o antigo e o novo, o grande e o pequeno. E, na liturgia, Ele se faz tudo para todos os homens, e se torna tudo em todos.

As obras que Cristo realizou no tempo permanecem na eternidade, entesouradas no Sagrado Coração, do qual emanam, e os mistérios litúrgicos tornam essas obras presentes a nós, cada vez que são celebrados. Não só isso, a liturgia nos incorpora nos mistérios de Cristo e renova seu efeito no tempo e no espaço. Pela liturgia, permanecendo no tempo, entramos na grande celebração que se realiza diante do trono do Cordeiro, no Céu, na eternidade. Como reza a Igreja, "Concedei, Senhor, Vos pedimos, que dignamente e frequentes vezes celebremos estes Mistérios, porque, sempre que se renova a memória deste Sacrifício, se opera o fruto de nossa redenção" (Secreta do IX Domingo depois de Pentecostes).

A liturgia respeita o fluir do tempo e da história e, contudo, porque está na "plenitude dos tempos", antecipa a realidade final de tudo que o tempo significa para a Igreja. O tempo é "batizado" e santificado pela infusão da luz divina oculta nos mistérios litúrgicos, luz que flui e se projeta para penetrar nossa vida, nossas ações e enchê-las da presença do Cristo Senhor, o *Kyrios Christos.*

Em cada nova festa litúrgica, celebramos o próprio Cristo, não apenas as várias ações que Ele realizou ou os feitos de seus santos. No Natal, celebramos Cristo vivo e presente em nós no mistério, e comungamos à divina misericórdia que Ele manifesta por seu nascimento. Na Epifania, celebramos Cristo presente em nós, difundindo, no mundo inteiro, a luz e a glória do Pai para a salvação dos gentios. Na Setuagésima, voltamos à criação do mundo na Palavra presente em nós: consideramos a fuga do homem em relação a Deus fuga para dentro das trevas do pecado. Na Quaresma, partilhamos com Cristo dos trabalhos e sofrimentos de sua vida pública. Em seguida, penetramos na sua Paixão. Na Semana Santa, Cristo está presente em sua Igreja como o Cordeiro imolado antes do começo do mundo, como o Servo de Javé cujos sofrimentos foram preditos por Isaías e Jeremias, e como crucificado ainda hoje em sua santa Igreja. Na Páscoa, Ele está presente entre nós ressuscitado e triunfante, derramando a luz da eterna paz. Em Pentecostes, está presente em nosso meio como fundador de sua Igreja e doador do Paráclito, que o manifesta na Igreja.

Em todos esses tempos litúrgicos, como diz Dom Guéranger, "o próprio Cristo é a fonte e o objeto da liturgia. Assim, o ano eclesiástico é nada mais, nada menos do que a manifestação de Cristo Jesus em seus mistérios, na Igreja e na alma fiel. É o ciclo divino em que aparecem todas as obras de Deus, cada qual por sua vez... Se cada ano a Igreja renova sua juventude como a da águia, ela o faz por meio do ciclo litúrgico; ela é visitada por seu divino Esposo, que provê a todas as suas necessidades"[12].

O Papa Pio XII oficializou esses ensinamentos nas fórmulas sucintas da *Mediator Dei:*

> Durante o ano inteiro, a missa e o ofício divino estão especialmente centralizados em torno da pessoa de Jesus Cristo... Quando a sagrada liturgia rememora os mistérios de Jesus Cristo, tenta fazer com que todos os fiéis neles tomem parte, para que a divina Cabeça do Corpo Místico possa viver em todos os membros com a plenitude de sua santidade. Que as almas dos cristãos sejam como altares em que cada qual reviva uma fase diferente do sacrifício do Pontífice Supremo... Daí o ano litúrgico... não ser representação fria e sem vida ou uma pura e simples recordação de uma época passada. É antes o próprio *Cristo sempre vivo em sua Igreja* (151, 152, 165).

Mas, se Cristo está "sempre presente" na liturgia da Igreja, e se o ciclo litúrgico é um ciclo de festas "sempre em retorno", não implica isso uma volta ao velho conceito do tempo cíclico, "o mito do eterno retorno"? Não nos restabelecerá isso firmemente no antigo ciclo das estações e não reduzirá por fim a liturgia cristã a um

---

12. GUÉRANGER, Prosper. *L'année liturgique*. v. 1. Dublin: Legare Street Press, 2023.

culto glorificado e espiritualizado da fecundidade natural e do renascer?

É verdade que os mitos e símbolos do culto arcaico até certo ponto deixaram a sua marca no simbolismo cristão, desde os dias em que o Evangelho foi pregado no mundo grego e romano. No entanto, todo cristianismo fiel a suas origens preserva a pureza e simplicidade dessa visão escatológica que torna o tempo inteiramente transparente, pois todo tempo tornou-se agora "o tempo final"*.

Mas, à medida que consideramos nossa vida cristã um culto de padrões meramente temporais e sociais, e em que colocamos nossas esperanças num cristianismo plenamente enraizado e baseado não no próprio Cristo sem considerar o tempo, mas no tempo "com a aprovação de Cristo", teremos um conceito totalmente diferente da liturgia e do cristianismo. Faremos de nosso culto o reflexo e a glorificação das estruturas institucionais em que imaginamos que nossa esperança temporal possa estar segura.

O tempo litúrgico perde seu sentido quando se torna simplesmente a autocomplacente celebração do *status quo,* e quando o "presente" da liturgia é apenas "deter-

* Gunther Anders criou essa impressionante expressão [*the time of the end*] para descrever a mudança de perspectiva que se seguiu à primeira bomba atômica lançada sobre Hiroshima. Estamos agora vivendo numa época em que *sabemos* que o mundo pode, a qualquer momento, ser tornado inabitável; e a humanidade, destruída. No entanto, num sentido muito real, essa conscientização já era a dos primeiros cristãos. Somos tentados a especular sobre o efeito profundo que o conceito cristão escatológico do tempo tem tido em relação a todo subsequente desenvolvimento do pensamento e da ciência.

minada" situação em que encontramos nossa segurança humana. O paradoxo do tempo litúrgico está em ser ele humanamente inseguro, procurando a paz inteiramente fora das estruturas de tudo que é estabelecido, visível e familiar, na esperança de um Reino que não é visto. É essa esperança, e só ela, que torna Cristo presente entre nós. Fora dessa esperança escatológica não há sentido nem dinamismo no culto litúrgico.

[1955]

O sacramento do Advento na espiritualidade de São Bernardo

O Advento é o "sacramento" da presença de Deus no seu mundo, no mistério de Cristo atuando na história através de sua Igreja preparando-se, de um modo oculto e obscuro, para a manifestação final de seu Reino. A liturgia monástica é geralmente o culto do Pai no *Cristo Ressuscitado* e através dele, glorioso no Céu, presente a nós, na terra, em seu Espírito. Os cistercienses do século XII davam uma ênfase especial à vinda de Cristo pelo seu Espírito à pessoa cristã. Contemplavam, como os místicos renanos, seu nascimento oculto em nossas vidas, seu Advento aqui e agora, no mistério da oração e da providência. Essa é a presença especial de Deus no mundo que os fascina e atrai a Ele, na meditação da Bíblia, onde está Ele presente em sua Palavra e na luz gerada por essa Palavra no coração do crente. Isso é a *devotio* deles.

1. A importância de reconhecer a vinda do Salvador

A vigilância é uma expressão particular da pureza de coração monástica – a virgindade do espírito "própria" à vida de contemplação. Deixamos tudo para vigiar na noite "sobre os muros de Jerusalém". Esperamos a parúsia, com as lâmpadas preparadas, como as virgens prudentes. Essa é uma verdade cristã básica, comum a todos, mas a que os monges dão ênfase especial. É um aspecto importante da espiritualidade de São Bernardo. *Vos nolo ignorare tempus visitationis*[13].

No prelúdio ao primeiro Sermão do Advento, São Bernardo estabelece o contraste entre o monge vigilante e aqueles que não prestam atenção à vinda do Salvador. Estes não têm de modo algum a consciência de que precisam de um Salvador. Assim, não estão cientes de sua presença. São como os que pereceram no dilúvio. Agarram-se a todo pedaço de palha "como às raízes da grama", procuram a firmeza apenas onde ela os ilude, pois não lhes pode oferecer apoio[14].

Compete ao monge procurar uma realidade que tenha verdadeira substância e não seja mera aparência. O monge vive das realidades reveladas por Deus à sua Igreja sobretudo na Bíblia. O modo, portanto, pelo qual o monge apreende as realidades substanciais da vida, aquelas que são sólidas e permanentes, é a penetração com uma *laudabilis curiositas* nos mistérios da fé na liturgia da Igreja. Seguindo um caminho solitário e austero, privados de consolação humana, vivendo no despojamento da pobreza, conscientes de sua dependência para com Deus, os cistercienses vivem "como os pequeninos", filhos

---

13. Serm. 4, Adv., n. 1.

14. *Peritura sectantes amittunt solida quibus apprehensis emergere et salvare possent animas suas.* Serm. 1, Adv., n. 1.

pequenos da Igreja. Assim, procuram o próprio Deus para além de todas as coisas visíveis. E porque o procuram na fé, Ele vem a eles escondido no *Sacramentum* do Advento[15]. Todavia, não devemos pensar que esse encontro com Deus é meramente resultado da negação do corpo e afirmação da alma. É o *homem todo* que, no Advento, sai ao encontro de Cristo ou o rejeita com indiferença.

2. O sacramento do Advento

Por detrás dessa expressão de São Bernardo encontramos algo da profunda escatologia de São Paulo.

O *sacramentum* encontrado por São Bernardo no Advento é o *sacramentum,* o *mysterium* do qual São Paulo escreve aos efésios. É o "sacramento" (ou o "mistério") da vontade divina conforme o desígnio que aprouve a Deus formar em Cristo, a ser realizado na plenitude dos tempos, que é *reunir todas as coisas em Cristo* (Ef 1,9-10). Esse mistério é a revelação de Deus em seu Filho Encarnado. Mas não é apenas manifestação das perfeições divinas, é o plano concreto de Deus para a salvação dos homens e a restauração do mundo todo em Cristo.

Esse plano não é visto como um projeto futuro, mas como um *fato* presente. "Os últimos acontecimentos" já estão presentes e realizados de maneira oculta. Assim, o reino de Deus já está "entre nós". O mistério, porém, só

---

15. *Neque enim tam devote Ecclesia universa praesentem celebrarei Adventum, nisi lateret in eo* ALIQUOD MAGNUM SACRAMENTUM. *Ibid.*

pode ser conhecido pelos que nele penetram, encontram seu lugar no Cristo Místico e, portanto, encontram o mistério de Cristo realizado plenamente *em si próprios.* Para esses, o reino de Deus está misteriosamente presente. Não só ingressam na Igreja, ou penetram em Cristo, mas Cristo se torna sua vida (*mihi vivere Christus est*). Participam da glória dos santos na luz (Cl 1,12). Em certo sentido, eles se tornam a "Igreja", uma vez que *vivem inteiramente pela Igreja e que a Igreja vive neles*[16].

Bernardo vê que esse sacramento do Advento é a *presença de Cristo no mundo,* como Salvador. Em sua teologia, o Advento não comemora apenas a Encarnação como um acontecimento histórico nem como simples preparação devota à festa de Natal, nem ainda como antecipação do Juízo Final. É sobretudo o "sacramento" da Presença de Deus no mundo e no tempo, em seu Verbo Encarnado, em seu Reino, e, acima de tudo, sua presença em *nossa própria* vida como *nosso* Salvador. O sacramento do Advento é a *necessária praesentia Christi*[17]. Aqui, o santo repete em termos mais práticos e concretos sua declaração da necessidade de encontrarmos Cristo, o Salvador, aqui e agora entre nós, como dissera no início do seu primeiro sermão do Advento:

> *faciles sumus ad seducendum* – somos decepcionados em nossos julgamentos sobre o bem e o mal;

16. Cf. Jo 17,23. "Eu neles e tu em mim, para que eles possam tornar-se perfeitos na unidade e que o mundo saiba que tu me enviaste e os amaste como me amaste."

17. Serm. 7, n. 2.

debites ad operandum – nossas tentativas em relação ao bem falham e nada conseguem;
fragiles ad resistendum – não temos êxito em nossos esforços para resistir ao mal[18].

A presença de Cristo em nós supera esses obstáculos. Pela fé, Ele habita em nossos corações e nos mostra como julgar entre o bem e o mal. *Si enim ille in nos quis decipiet nos?* Ele não pode enganar nem ser enganado. Ele é a sabedoria de Deus, sempre pronto a nos ensinar. No entanto, a fim de recebermos sua luz, temos de utilizar a graça que Ele nos dá para nos voltarmos para Ele em nossas dificuldades. Pela *fortaleza,* Ele robustece nossa fraqueza, para que possamos tudo realizar nele. Jamais se cansa, pois é o poder de Deus, sempre pronto para nos reavivar e erguer. Todavia, temos de apelar para Ele, a fim de que nos ajude em nossas lutas. Sustenta-nos e resiste dentro de nós. Se Ele está conosco, quem estará contra nós? (Rm 8,31).

O segredo da fortaleza espiritual é abandonarmo-nos a Cristo, o poder de Deus. Assim, Ele próprio há de superar o mal e livrar-nos das forças a que jamais seríamos capazes de resistir por nós mesmos. Essa é a força da fé.

Cristo vive no mundo, naqueles que o tomam como sua luz, força e proteção. É para eles que veio ao mundo em sua Encarnação[19].

---

18. Serm. 7, n. 1.

19. *Ad hoc ipsum venit in mundum, ut habitans in hominibus, pro hominibus, et tenebras nostras illuminaret, et labores levaret, et pericula propulsaret.* Serm. 7, n.7.

3. A Pascha Christi[20]

Cristo, que está presente no mundo, vivo em seu Corpo Místico, seu Reino, também reina no céu. Penetrar no mistério do Advento é penetrar na *Pascha Christi,* ou a passagem de Cristo por este mundo, de maneira a poder erguer todas as criaturas, em si, até os céus. Sem empregar, em realidade, a expressão *Pascha Christi,* São Bernardo cita Ef 4,9-10, sobre Cristo que desceu às "partes inferiores da terra", a fim de ascender novamente ao céu, "levando cativo o cativeiro", para restaurar todas as coisas[21]. Assim, nossa vida da graça é a vida do Cristo ressuscitado em nós (Ef 2,5-6; Cl 2,12). Estamos sepultados juntamente com Ele pelo batismo na morte, para que, assim como Cristo ressuscitou dentre os mortos, também nós caminhemos em novidade de vida (Rm 6,4).

O Verbo se fez carne no primeiro Advento, ingressando em nosso mundo, para passar através dele (*pascha – transitus*), reunindo nele os eleitos, pelos efeitos de sua Morte e Ressurreição, de maneira a que sua Encarnação, prolongada em seu Corpo Místico, a Igreja, possa, finalmente, culminar na glorificação do *Cristo total* à direita do Pai, no céu[22]. Para São Bernardo, como para São João da Cruz[23], a mais alta contemplação é a participação do mistério de Cristo o mistério da Cruz, ou aquilo que te-

20. Cf. Cl 1,18-23; 2,12-15; 3,1-5. Mas especialmente Ef 1,18; 2,8.

21. *Christus enim qui descendit ipse est qui ascendit ut adimpleret omnia.* Serm. 1, n. 6.

22. Serm. 4, Adv., n. 1.

23. Cântico espiritual, L. 27, n. 1.

mos chamado de *Pascha Christi* – a obrigação do monge de viver no céu ainda que na terra[24]. Nossa vida está escondida com Cristo em Deus. São Bernardo cita esse texto (Cl 3,1) para mostrar-nos que, embora Cristo esteja presente a nós nesta vida, que é, portanto, a antecipação do céu na fé, é ela, porém, acima de tudo, um céu, porque Ele reina gloriosamente no céu e derrama sobre nós a graça do Espírito Santo que nos une em sua vida ressuscitada.

4. É fácil para nós aproximarmo-nos dele

Nossa incorporação no mistério de Cristo, o dom da vida divina, é pura manifestação da caridade de Deus para conosco. Nisso consiste a caridade... *que Ele nos amou primeiro.* Etienne Gilson demonstrou a importância básica dessa ideia de São João na teologia mística de São Bernardo[25]. Havia duas razões pelas quais não nos podíamos aproximar dele: estávamos cegos, e Ele habita numa luz inacessível. Estávamos desamparados, espiritualmente paralisados, e Ele habita infinitamente acima de nós. Jamais poderíamos subir até Ele, foi preciso que descesse até nós. Isso é de grande importância no mistério do Advento – a descida de Deus até a nossa pequenez, por puro amor, não por mérito algum de nossa parte. A misericórdia divina mostra-se mais evidente na ternura com que o Deus infinito proporciona a força de

24. Serm. 1, Adv., n. 6.

25. E. Gilson, *La théologie mystiqae de St. Bernard.*

sua luz à fraqueza de nossos olhos e se torna Homem como todos nós.

> Nosso dulcíssimo Salvador e Médico de nossas almas desceu de sua grande elevação e amorteceu o seu esplendor para se adequar aos nossos fracos olhos. Escondeu-se como que numa lanterna, revestindo-se de seu corpo glorioso, puro de toda mancha. Essa é a luz e a nuvem luminosa que o profeta declarou que subiria de maneira a descer no Egito[26].

Não temos que ir muito longe para encontrá-lo. Ele está em nós. Essa ideia é, também, basicamente paulina: "Não digas, em teu coração: quem subirá ao céu para fazer Cristo descer de lá? Nem dirás: quem descerá ao abismo para fazer Cristo ressurgir dentre os mortos? Não, diz a Escritura, a palavra de Deus está próxima de ti, em tua boca, em teu coração" (Rm 10,6-8). Isso é o *verbum fidei*, a palavra proclamada que planta a semente da fé em nossos corações e nos introduz no mistério de Cristo ou na *Pascha Christi*. É pela palavra da fé ou o *verbum crucis* que o "Advento" de Cristo se torna uma realidade em nossa vida pessoal (Rm 10,10). Sobretudo, isso significa "crer com o coração que Deus ressuscitou Cristo dos mortos". Tal fé faz Cristo viver em nossos corações (Ef 3,17) e abre o caminho à contemplação baseada numa caridade que nos ensina a tudo medir, "a largura, o cumprimento, a altura, a profundidade do amor de Cristo que está acima de qualquer conhecimento" (Ef 3,19). Pela caridade, o Espírito Santo atua em nos-

---

26. Serm. 1, Adv., n. 8.

sos corações "com um poder que atinge o nosso mais íntimo ser" (Ef 3,16; Rm 5,5), que nos torna conscientes do fato de que somos filhos de Deus (Gl 4,6) e nos dá a seu respeito um conhecimento especial (Gl 4,9; cf. 2Cor 1,22). Seu efeito final é transformar-nos inteiramente em Deus. "O Espírito do qual falamos é o Espírito do Senhor, e onde está o Espírito do Senhor, ali está a liberdade... Refletindo como espelhos a glória do Senhor, nós nos transformamos nessa mesma imagem cada vez mais resplandecente, conforme a ação do Senhor, que é espírito" (2Cor 3,17). Como indica São Paulo, tudo isso é precedido pela metanoia *conversio*, um voltar-se inteiramente para o Senhor, uma conversão que é, no entanto, muito mais uma vinda de Deus a nós: "Ouvi a tua oração no tempo do perdão, vim em teu auxílio no dia da salvação" (Gl 4,9). Nossa tarefa consiste em cuidar que "não recebamos a graça de Deus em vão" (Gl 6,2). São Bernardo faz eco a essas ideias: "Não te cabe, ó homem, atravessar os mares, penetrar nas nuvens ou transpor os Alpes". (Esses pensamentos já haviam sido expressos por Santo Antão do deserto, em termos muito semelhantes.) Continua São Bernardo: "Não é uma grande viagem que te é oferecida: se queres encontrar a Deus, caminha até teu coração". *Non grandis tibi ostenditur via: USQUE AD TEMETIPSUM OCCURRE DEO TUO*. Aqui ele cita Rm 10,8: *Prope est verbum in ore...*

Para encontrar a Palavra em nosso coração, temos de entrar em nós mesmos, não tanto pela *introspecção,* mas pela *compunção*. Isso é importante. O movimento interior de compunção não consiste tanto em nos escondermos dentro de nós mesmos, é antes uma liberação de nós mesmos, que se realiza nas profundezas de nosso ser e nos faz sair de dentro para fora. Essa liberação da concentração sobre nós mesmos é o início da conversão, a metanoia, uma verdadeira transformação interior. De modo algum quer São Bernardo que nos tranquemos dentro de nós mesmos assim como somos, para permanecermos os mesmos. Nem insta conosco para encontrarmos uma presença apenas metafísica de Deus nas profundezas de nosso ser.

Não está ele pensando em algo de estático, mas antes numa atuação dinâmica do poder de Deus. Vamos ao encontro da ação transformante de Deus em nossas almas. Esse encontro espiritual é um Advento, em que Deus vem ao nosso ser mais íntimo e nós nos encontramos nele. O encontro ocorre num ato de fé viva, e o primeiro sinal da transformação é uma libertação de nós mesmos em Cristo, manifestada pela "*oris confessio*" – confissão de nossa fé.

É perfeitamente claro que São Bernardo concebe isso como uma liberação, uma saída da prisão do "egocentrismo". De modo particular, é uma liberação da deprimente preocupação com nossas próprias falhas. *Saltem exeas de sterquilinio miserae conscientiae.* A verdadeira vida interior não é a nossa *própria* vida dentro das profundezas de nosso ser. É a vinda de Deus em nosso ser, do qual nós previamente *saímos*, para dar a Ele lugar. A presença de Deus, em sua pureza, dá-nos a verdadeira vida interior, *puritas cordis*. Ele é, evidentemente, o "*auctor puritatis*". Por esse "Advento", vem à nossa alma e a ilumina com sua presença invisível[27].

É fácil ir a Ele, porque Ele vem a nós na *misericórdia*, e não na justiça e na sabedoria. (Cristo, a "abelha" que se alimenta entre as flores de Nazaré, vem a nós sem a ferroada, mas com o mel. *Ad nos veniens solam mel attulit et non aculeum, id est misericordiam et non iudicium*[28]. Ele vem como médico para curar as feridas do pecado[29]. Ele vem como uma criancinha, para não nos aterrorizar; *Parvulus datus est parvulis ut magnus detur magnis*[30]. Ele é um cordeiro cheio de mansidão que, para tirar todos os nossos temores, nasceu de sua Mãe Virgem, sem as dores do parto[31].

Embora venha de longe, uma vez que está infinitamente acima de nós em sua majestade, vem, no entanto, de perto, desde que está sempre conosco como nosso Criador. Assim, seu Advento é menos uma vinda do que uma manifestação de sua presença, pois Ele já está aí. *Non ergo venit qui aberat sed apparuit qui latebat*[32].

---

27. Serm. 1, Adv., n. 10; cf. Serm. 6, Adv., n. 2.

28. Serm. 2, Adv., n. 3.

29. Serm. 4 *in* Vig. Nat., n. 2.

30. Serm. 4 *in* Vig. Nat., n. 1.

31. *Ibid.*, n. 4.

32. Serm. 3, Adv., n. 1.

5. Advento e Juízo

Embora Cristo não venha ao mundo para julgá-lo, o mundo é julgado por sua própria resposta à revelação do amor misericordioso de Deus na Encarnação. Deus amou tanto o mundo, que deu o seu Filho único a fim de que todos que cressem nele não perecessem, mas tivessem a vida eterna. Não envia Ele seu Filho ao mundo para julgá-lo, mas para que o mundo seja salvo por Ele. Quem nele crê não é julgado. Mas os que nele não creem já estão julgados (Jo 3,6-19). Na véspera de sua Paixão, no momento de entrar na sua "hora", exclama Jesus: "Agora é o julgamento do mundo". A palavra julgamento, nesse contexto, é um abismo de luz e trevas. Parece implicar, ao mesmo tempo, condenação e salvação, rejeição e justificação. E, de fato, é assim, pois o "mundo", no sentido daqueles que se opõem a Cristo, se julga e se condena, julgando e condenando Aquele que é a "luz do mundo" (Jo 3,19; 12,46; 8,12). Mas o "mundo", no sentido daqueles para quem Jesus é o Salvador (Jo 4,42), é salvo de fato pelo julgamento que condena à morte o Redentor e, assim, paga o preço do resgate pelos pecados do mundo. Por isso, Jesus acrescenta imediatamente à declaração de que, "agora, o mundo vai ser julgado" esta outra de que, "agora, o príncipe deste mundo será lançado fora", como consequência direta desse "julgamento". Assim, em realidade, o julgamento do mundo é, ao mesmo tempo, a salvação dos que o recebem e a condenação dos que o rejeitam. Por isso, São Bernardo diz que devemos entrar em julgamento conosco e decidirmos a que lado pertencer[33].

São Bernardo expõe essa ideia num trecho notavelmente condensado e substancioso, falando da recusa de Acaz quanto ao sinal oferecido por Deus, pelo ministério de Isaías[34]. Acaz recusa pedir um sinal a Deus, conquanto tenha sido instruído por Deus a fazê-lo por intermédio do profeta. Comentando essa desobediência, São Bernardo aproxima Isaías, Jó, Provérbios, São Paulo e o Evangelho. É um exemplo típico da versatilidade de São Bernardo no emprego da Escritura. O ouvido sensível de Bernardo podia perceber o Espírito Santo falando simultaneamente pela boca de todos os escritores sagrados, para nos dar a mesma mensagem em formas diferentes e contrastantes.

A figura de Acaz funde-se com a de Herodes. As palavras de Isaías se tornam palavras do próprio Cristo. São Paulo fornece um fundo de comentário teológico ao diálogo dessas figuras.

Isaías ouviu do Senhor as seguintes palavras: "Vai dizer àquela raposa que peça um sinal ao Senhor nas profundezas. Aquela raposa tem sua toca (que é o inferno), mas se descer ao inferno encontrará aquele que apanha os jeitosos em suas próprias manhas" (Jó 5,13). E novamente: "Vai, diz o Senhor, diz àquela ave que procure um sinal nas alturas superiores, mas, se ele subir aos

33. Serm. 4, Adv., n. 3.

34. Serm. 2, Adv., n. 1.

céus, encontrará Aquele que resiste aos orgulhosos e esmaga, com o próprio poder deles, a cerviz dos soberbos e altivos". As alusões a São Paulo (Rm 10,6-8) lembram que é inútil que o orgulho do homem procure a Deus escalando os céus, uma vez que Ele desce até nós – deve Ele amar-nos primeiro.

Ainda que Acaz recuse um sinal do poder de Deus (vindo do alto), ou da sua sabedoria (no abismo), dá-lhe Deus, no entanto, um sinal de sua *misericórdia,* para que aqueles que ficassem aterrorizados pelo seu poder ou sua sabedoria pudessem ser *atraídos* por seu amor[35].

E, no entanto, esse "novo sinal" é simplesmente uma variante dos dois sinais completos, oferecidos a Acaz. Pois a caridade do Senhor que reina no mais alto dos céus em plena majestade o trouxe às profundezas do inferno, precipitando-o das alturas, na forma de um servo, por nosso amor, mas unicamente para unir-nos a Ele, a fim de "tudo restaurar em Cristo", e "elevar-nos com Ele até o céu". Aqui, também, nessas passagens da Escritura, encontramos, como em toda parte, a *Pascha Christi* que é o mistério e o sacramento do Advento.

Assim, declara São Bernardo, proclamando o mistério e tornando manifesto o sentido do sinal, o próprio Deus vos dará um sinal no qual sua majestade e sua caridade serão manifestadas. Eis que uma Virgem conceberá e dará à luz um Filho e seu nome será Emanuel, que significa "Deus conosco". Adão, não fujas! Pois Deus

35. Serm. 2, Adv., n. 1.

está conosco! Não temas, ó Homem, não tremas ao ouvir o nome de Deus, pois Deus está conosco. Está conosco na semelhança de nossa carne mortal; está conosco na unidade. *Propter nos venii, tamquam unus ex nobis, similis nobis, passibilis*[36].

Resumindo, a própria presença de Deus no mundo em seu Filho Encarnado é o penhor da Salvação para os que o recebem, mas é a condenação dos que não recebem sua misericórdia. Essa aceitação é uma conscientização. Devem conhecer-lhe a Majestade e meditar no seu amor[37].

6. Os três Adventos

São Bernardo volta com frequência à ideia dos "três Adventos" de Cristo. O primeiro destes é aquele em que Ele entrou no mundo, tendo recebido a natureza humana no seio da Virgem Maria. O terceiro é o Advento que o trará de volta ao mundo, no fim dos tempos, para julgar os vivos e os mortos, ou melhor, à luz do que já foi dito acima, para manifestar o juízo que os indiferentes atraíram sobre si recusando receber seu amor e sua salvação, que os eleitos aceitaram de sua misericórdia.

O primeiro Advento é aquele em que Ele vem procurar e salvar o mundo que estava perdido. O terceiro é

---

36. Serm. 2, Adv., n. 1.

37. *Molestus est ergo non solum hominibus sed etiam Deo quisquis nec maiestatem cogitat in timore nec charitatem cum amore meditatur.* Serm. 2, Adv., n. 1.

aquele em que Ele vem chamar-nos para junto de si[38]. O primeiro é uma promessa; o terceiro, uma realização. Meditar nesses dois Adventos é dormir entre os braços de Deus com sua mão esquerda amparando-nos a cabeça e a direita abraçando-nos (Ct 2,6). É também dormir "entre as partes que me couberam por sorte" (isto é, "viver em paz no meio de nossa herança").

A meditação do mistério dos dois Adventos tornar-se-á frutuosa pelas obras de caridade e levará à nossa completa transformação em Cristo. Se vivermos nossa vida à imitação de suas virtudes e de sua Paixão, nossa transformação espiritual levará normalmente a uma total transformação de todo o nosso ser, na Ressurreição dos mortos (Fl 3,21) quando "Ele formará novamente esse nosso corpo humilhado, modelando-o à semelhança do seu corpo glorificado"[39].

Os três Adventos de Cristo são a realização da *Pascha Christi*. Todavia, até agora, só falamos explicitamente no primeiro e no terceiro Adventos. O segundo é, em certo sentido, o mais importante para nós. O "segundo Advento", pelo qual Cristo está presente em nossas almas agora, depende de nosso reconhecimento presente de sua *pascha* ou *transitus*, a passagem de Cristo pelo mundo, através de *nossas próprias vidas*. Meditando nos Adventos passado e futuro, aprendemos a reconhecer o Advento presente, que se processa a cada momento em nossa vida terrena de peregrinos. Nós tomamos consciência do fato de que cada momento do tempo é

---

38. Serm. 4, Adv., n. 1.

39. Serm. 4, Adv., n. 4-7.

um momento de juízo, que Cristo está passando por nós e que somos julgados conforme a consciência que temos de sua passagem. Se nos juntarmos a Ele e com Ele caminharmos até o seu Reino, o Juízo se torna nossa salvação; mas, se o abandonamos e o deixamos passar, esse abandono se torna nossa condenação! Não admira que São Bernardo não quisesse que ignorássemos o segundo Advento, o "*medius Adventus*", *o* "*tempo da visitação*"[40].

Meditar no primeiro Advento dá-nos a esperança da promessa que nos é oferecida. A lembrança do terceiro lembra-nos o temor de podermos, por nossa culpa, deixar de receber a realização da promessa. O segundo Advento, o presente, situado entre esses dois termos, é necessariamente um tempo de angústia e de luta entre temor e alegria. Mas esse é um combate salutar! Termina em salvação e vitória, porque purifica todo o nosso ser[41].

No entanto, o Advento do meio é mais um tempo de consolação do que de sofrimento, se refletirmos que aqui, também, Cristo vem realmente a nós, dá-se realmente a nós, de modo que já possuímos nosso céu em esperança.

Esse Advento do meio é o caminho pelo qual passamos do primeiro ao terceiro. No primeiro, Cristo foi nosso redentor, no último Ele há de aparecer como nossa vida.

---

40. Cf. Serm. 6, Adv., n. 1.

41. *Felix conscientia in qua luctamen huiusmodi indesipenter conficitur, donec quod mortale est absorbeatur a vita, donec evacuetur tímor quod ex parte est et succedat laetitia quod perfectum est.* Serm. 3, Vig. Nat. n. 5.

Neste Advento presente, enquanto repousamos entre a nossa sorte (nossa herança), *Ele é nosso repouso e nossa consolação*[42].

Nada há de inativo nesse repouso. Pode significar, não há dúvida, para nossa atividade natural, ociosidade, escuridão e vazio. Mas, nessa "escuridão", Deus vem a nós e opera misteriosamente em nós, em espírito e em verdade, para que o fruto de sua obra possa ser manifesto no terceiro Advento, quando Ele vier em glória e majestade[43].

7. A obra de Cristo em nós no "Advento médio"

Evidentemente, a obra de Cristo em nós, como "Senhor das virtudes", é produzir em nós suas próprias virtudes, transformar-nos nele, enquanto o contemplamos no mistério do Advento, imitando sua vida humilde, oculta e sacrifical. O exemplo de Cristo, portanto, torna-se um elemento naquele "julgamento" que nos é apresentado no sacramento do Advento. Mas devemos nós esperar possuir todas as suas virtudes antes de nos podermos unir a Ele em sua passagem através de nossas vidas? Se esse fosse o caso, jamais nos uniríamos a Ele. Em primeiro lugar, pois, temos de nos unir à sua verdade por nossa *humildade.* Se nos julgarmos nesse julgamento presente em que o príncipe deste mundo é lançado fora,

---

42. Serm. 5, Adv., n. 1.

43. *Per virtutem enim pervenitur ad gloriam quia Dominus virtutum ipse est rex gloriae.* Serm. 5, Adv., n. 1.

somos "julgados de modo perfeito" e podemos com segurança esperar sua vinda como Salvador[44].

A humildade de Cristo, viva e eficaz em nós, nos exalta e une a Ele em sua glória. Sua humildade faz com que nada procuremos neste mundo a não ser fazer com perfeição a vontade de Deus. Quando temos essa vontade de Cristo em nós, então vêm a nós o Pai e o Filho, e fazem em nós o lugar de sua morada, mesmo na vida presente[45].

Tal é o Advento oculto no qual a Sabedoria, sem ruído de palavras, constrói sua morada em nossos corações, elevando-a sobre sete colunas, e transformando nossas almas em seu palácio e em seu trono. A alma do justo é a sede da sabedoria e, portanto, a obra de nossa preparação é, sobretudo, a obra da justiça.

São Bernardo descreve essa justiça, que nos assemelha a Deus: consiste ela em dar a cada um o que lhe é devido, nossos superiores, inferiores e iguais – e mesmo o nosso corpo, pois São Bernardo jamais condena o corpo como tal[46]. Entretanto, essa obra de "justiça" deve ser coroada, como ele nos disse acima, pela autocrítica que coloca nossa alma nua diante de Deus, que a abre para a graça divina, que nos "justifica" pelo livre dom de Deus. A primeira coisa que Deus nos pede é julgarmo-nos a nós mesmos, para reconhecermos o nosso nada, para nos mantermos convencidos de que nada podemos sem Ele e de que, portanto, tudo devemos dele receber. Se assim

---

44. Serm. 4, Adv., n. 3.

45. Serm. 3, Adv., n. 4.

46. Serm. 3, Adv., n. 4-7.

nos julgarmos, Ele jamais nos julgará, porque estaremos cheios de sua graça[47].

A pureza e a humildade interiores em que aprendemos a desconfiar de nossas próprias forças e a depender de Deus em tudo, sem, no entanto, negligenciar esforço para fazer sua vontade, dão-nos paz e alegria, ainda mesmo enquanto labutamos como viajores no caminho para o grande encontro escatológico com Cristo, que porá fim à história com o terceiro e final Advento[48].

8. As Escrituras como Advento

Nosso *viaticum* na peregrinação da Igreja do primeiro ao terceiro Advento é a palavra de Deus. Isso deveria ser totalmente óbvio, uma vez que, desde o início, temos falado do "mistério de Cristo" ou o "sacramento do Advento", que é a presença de Cristo no mundo, operando o plano divino para restaurar todas as coisas em si e levá-las ao Pai. Ora, essa obra de Cristo realiza-se em nós pela fé – que se expressa pela caridade (Gl 5,6). Mas a fé vem "pelo ouvido", e o ouvir através da Palavra de Cristo (Rm 10,16). Só assim todos os que clamam pelo Nome do Senhor serão salvos. Pois, se não souberem o seu Nome, como poderão clamar por Ele?

É de toda importância compreender de que maneira a Palavra de Deus, *sermo Dei,* penetra em nossas vidas

---

47. *Tantum dicamus iniquitates nostras et iustificabit nos gratis, ut gratia commendetur*. Serm. 3, Adv., n. 7.

48. *Delectabiliter dormiunt (in medio Adventu) qui eum norunt*. Serm. 5, Adv., n. 1.

para santificá-las e alimentar a vida de Cristo (em nós), que é "sacramento" de seu Advento secreto e pessoal em cada cristão.

São Bernardo cita mais uma vez o quarto Evangelho: quando observamos a palavra de Deus, o próprio Deus habita em nós[49]. Para que Deus possa vir ao íntimo de nossos corações, temos de conservar sua palavra no nosso santuário interior. *In corde meo abscondi eloquia tua* (Sl 118,11). Mas que significa conservar essas palavras em nosso coração? Rememorá-las? Pensar nelas? Isso não basta. De fato, preservar a Palavra de Deus em nossas mentes, como objeto de especulação, é produzir em nós a ciência que incha (1Cor 8,1). Além disso, o que está na memória apaga-se facilmente pelo esquecimento.

O pão material deste mundo, se for guardado num armário, pode ser roubado por um ladrão ou ali mesmo mofar. Assim, a palavra de Deus nos é inútil se for meramente "armazenada" em nosso espírito ou na memória. Assim como comemos o pão material e com ele alimentamos nossos corpos, assim também devemos comer o pão da vida e alimentar nossas almas. Comer a Palavra de Deus é, em primeiro lugar, absorvê-la nas profundezas de nosso ser, por uma fé obediente e amorosa, em seguida deixar o poder da Palavra se expressar na atividade vital própria à fé: nas obras de amor, nos bons hábitos, na vida perfeita. Isso é, pois, o que alimenta e encanta nossa vida no "segundo Advento"[50]. Quando somos ali-

49. Serm. 5, Adv., n. 2.

50. Serm. 5, Adv., n. 2.

mentados pela palavra de Deus na Escritura, quando *vivemos* a mensagem divina da revelação bíblica, Cristo toma posse de todo o nosso ser, expulsa o último vestígio de nosso "velho homem" e manifesta sua presença em tudo quanto fazemos[51].

Aqueles que não penetram profundamente no Mistério de Cristo, mas se contentam em permanecer na superfície de sua fé, não são realmente nutridos pelo sacramento do Advento. *Non omnes haec memória pascit*[52]. O homem de espírito mundano pode "celebrar" o mistério do Advento, mas não se alegra nele. Não transborda na rica vida interior que vem do fato de *viver* o mistério. Ele apenas passa por esse mistério, de maneira rotineira, *dies istos quadam arida consuetudine observantes*![53]

Contudo, São Bernardo admite facilmente que essa penetração contemplativa do Mistério de Cristo, essa conscientização interior que encontra o Cristo velado no sacramento da Escritura não é algo que podemos adquirir simplesmente por nossos próprios esforços. É verdade que as palavras da Escritura, que estão "cheias dos mistérios do céu, exigem um leitor diligente que saiba como haurir o mel do rochedo e o óleo da pedra mais dura"[54]. Contudo, em última análise, essa consoladora iluminação é sempre um dom de Deus, "deixando cair do céu o orvalho", para que a terra dê seu fruto. Os

51. Serm. 5, Adv., n. 3.

52. Serm. 3, Adv., n. 2.

53. Serm. 3, Adv., n. 2.

54. Hom. 1, sup. Missus est, n. 1.

próprios escritores sagrados possuíam o Espírito Santo. Eles o comunicam em certa medida a nós, com as palavras que escreveram sob sua inspiração. Entretanto, o próprio Deus deve viver em nossos corações, enquanto lemos as Escrituras. É essa ação divina dentro de nós, iluminando-nos para recebê-lo em sua palavra revelada, que é, por assim dizer, a "*res sacramenti*" do sacramento do Advento. As palavras com que São Bernardo invoca essa ação divina no início de suas homílias sobre o *Missus est* fornecem uma belíssima oração a ser empregada antes da leitura meditativa da Bíblia: *utinam et nunc Deus emittat verbum suum et liquefaciet ea (aromata) nobis; fiant in cordibus nostris desiderabilia super aurum et lapidem pretiosum multum, fiant et dulciora super mel et favum*[55]. Traduzido livremente:

> Que o Senhor envie sua Palavra, e os aromas (do texto inspirado) desabrochem para produzir sua fragrância; possa (o sentido do texto) tornar-se para nós mais do que o ouro e a pedra preciosa, e mais doce do que o mel e o favo do mel.

9. Maria, o caminho real

Resta uma ideia para completar a doutrina de São Bernardo sobre o sacramento do Advento. Quis Deus que a Bem-aventurada Virgem Maria tivesse um papel à parte no mistério da Encarnação e de nossa redenção. Quis Ele que a salvação do mundo dependesse do con-

55. Hom. 1, sup. Missus est, n. 1.

sentimento dela[56]. Maria é o "caminho real" pelo qual o Rei da Glória desceu ao mundo para restaurar a humanidade decaída e levá-la ao lugar que lhe estava destinado no céu. *Virgo regia ipsa est via per quam Salvator advenit*[57]. Se a deixarmos de lado no sacramento do Advento, jamais penetraremos plenamente seu mistério, uma vez que precisamos ir adiante ao encontro do Salvador, na mesma via pela qual Ele veio a nós. *Studeamus et nos, dilectissimi, ad ipsum per eam ascendere, qui per ipsam ad nos descendit: per eam venire in gratiam ipsius qui per eam in nostram miseriam venit*[58].

Seria inoportuno citar longamente o célebre texto de São Bernardo em louvor do santo Nome de Maria, cujas palavras a própria Igreja canta no ofício das Matinas da festa. Seja suficiente lembrar ao leitor que São Bernardo não encontra dificuldade nem tribulação nesta vida que não seja superada pela invocação do nome de Maria.

> Seguindo-a, não vos desviareis, invocando-a, não desesperareis; pensando nela, não errareis. Se ela vos sustentar, não caireis; se ela vos guiar, não vos fatigareis; se ela vos amparar, alcançareis a meta; assim, experimentareis a verdade do que foi dito: o nome da Virgem era Maria[59].

Uma das ideias-chave da teologia mística de São Bernardo, em seu resumo de toda a obra da redenção,

56. Hom. 4, sup. Missus est, n. 8.

57. Serm. 2, Adv., n. 5.

58. Serm. 2, Adv., n. 5.

59. Hom. 2, sup. Missus est, n. 17.

está nesta frase *sapientia vincit malitiam*[60]. O homem perdeu o gosto, o conhecimento experimental das coisas divinas (*sapida scientia*) com a queda. O pecado de Adão foi, em primeiro lugar, aquela forma de orgulho tão sutilmente analisada por São Bernardo como *curiositas*[61]. Ora, nessa obra de reparação, a sabedoria divina procura apagar todo vestígio do mal. Para consegui-lo com maior perfeição, restaura no homem a sua primitiva dignidade, da maneira como ele havia perdido essa dignidade, através de uma mulher. *Si via cecidit per feminam non erigitur nisi per feminam*[62]. É através de Maria que somos "reformados à sabedoria". É sobre ela que o Espírito Santo medita muito amorosamente, na realização de sua mais sublime obra, na preparação para devolver ao homem o gosto perdido pelas coisas espirituais, dando-lhe por alimento a própria palavra encarnada como fruto dessa flor virginal[63]. Por esse texto, vemos ser evidente que Maria está no próprio centro do misticismo cisterciense. Ela é a Mãe de nossa contemplação, por ser Ela a Mãe de Jesus.

Deus, nessa sua obra sublime, opera sem ruído, sem som ou sem barulho de palavras. O anjo encontra Maria orando em solidão, fechada a porta, em segredo. O início da terceira homilia sobre *Missus est* é um hino de louvor a Maria na solidão e nos lembra que, mesmo para o ceno-

---

60. Cf. Serm. 14. De diversis e os sermões finais *in* Cantica.

61. De gradibus humilitatis et superbiae, n. 10.

62. Hom. 2, sup. Missus est, n. 3.

63. Hom. 3, sup. Missus est, n. 6.

bita cisterciense, a solidão interior e mesmo um certo grau de solidão exterior são necessárias para a contemplação[64].

É no silêncio virginal e na soledade da humilde oração de Maria que a Palavra divina desce à nossa terra, com a tranquilidade do orvalho da noite. Se não fosse sua solidão e seu silêncio, nossa terra teria permanecido, de fato, um deserto! *Vere sine ipsa non aliud quam terra arida sumus*![65] Não encontrando obstáculo algum à palavra de seu amor, Deus derrama sobre Maria a plenitude de sua liberalidade divina, a *pluvia voluntária* que dela toma posse sem o ruído de nenhuma operação humana, *absque strepitu operationis humanae suo se quietíssimo illapsu virgineum dimisit in uterum*[66].

A Palavra vem ao mundo através das portas da oração silenciosa e oculta de Maria. Essa Palavra (Jesus) é em seguida difundida pelo mundo inteiro, e nós o recebemos dos Apóstolos, que o receberam dela. Eis um comentário adequado sobre o ensinamento habitual de São Bernardo sobre a interação da contemplação e do apostolado na vida da Igreja!

O tema principal das homílias sobre o *Missus est* é a ideia de que Maria, nas Escrituras, está sempre projetada, isto é, anunciada.

Uma vez que Jesus é o próprio centro das Escrituras, e já que Ele não vem a nós senão por Maria, conclui São

64. Serm. 40, *in* Cantica, n. 4.

65. Hom. 2, sup. Missus est, n.7.

66. *Ibid.*

Bernardo que está Maria, também, no centro das Escrituras. Ele a revela a nós em todos os tipos tradicionais da Escritura, com os quais a liturgia nos familiariza. Ela é a "mulher" que há de esmagar a cabeça da serpente. É a mulher forte dos Provérbios. É a sarça que Moisés viu ardendo no deserto sem se consumir. É a vara de Aarão, é a haste que brota da raiz da árvore seca de Jessé. É o velo de Gedeão[67].

Em realidade, para São Bernardo, toda a Escritura se harmoniza como os instrumentos de uma grande orquestra e, através desses vários instrumentos, o Único Espírito de Deus proclama uma só mensagem em tons diferentes, convergindo todos eles para a mensagem final do anjo a Maria, em que todo o Antigo Testamento encontra sua realização. Maria é, em certo sentido, ela própria, o Antigo Testamento. Reúne em si todas as profecias e todos os milagres, e revela seu sentido, dando à luz a Palavra divina que estava neles contida e oculta[68].

Presente em todas as criaturas por seu poder, presente nos seres racionais como objeto de conhecimento, presente nos santos pela união de amor, Deus agora se torna presente, no seio de Maria, de um modo inteiramente novo e extraordinário, unido não só à vontade dela, mas até mesmo à sua carne, de maneira que Ele próprio recebe carne da substância dela. Jesus é, ao mesmo tempo, o Filho de Deus e o Filho de Maria, *Et si*

---

67. Hom. 2, sup. Missus est, nn. 4 a 7.

68. Hom. 2, sup. Missus est, n. 11.

nec totus de Deo nec totus de Virgine, totus tamen Dei et totus Virginis est[69].

Essa presença de Deus em Maria é o segredo do Advento, o coração do Mistério, pois foi em Maria que o Filho de Deus nos deu o admirável sacramento do Advento – *Filius tecum ad condendum in te mirabile Sacramentum*![70]

[1952]

69. Hom. 3, sup. Missus est, n. 4.

70. Hom. 3, sup. Missus est, n. 4.

Advento: esperança ou ilusão?

A certeza da esperança cristã está além da paixão ou do conhecimento. Assim, devemos por vezes contar que nossa esperança entre em conflito com as trevas, o desespero e a ignorância. Assim também, devemos lembrar-nos de que o otimismo cristão não é uma perpétua sensação de euforia, uma consolação indefectível, em presença das quais não podem existir nem angústias, nem tragédias. Não nos devemos esforçar por manter um clima de otimismo pela mera *supressão* de realidades trágicas. O otimismo cristão reside numa esperança de vitória que transcende toda tragédia. Uma vitória em que *passamos além* da tragédia para a glória com Cristo crucificado e ressuscitado.

É importante lembrar a profunda e, em alguns sentidos, angustiosa seriedade do Advento, quando os festejos mentirosos de nossa cultura comercialista se harmonizam tão facilmente com nossa tendência de considerar o Natal, conscientemente ou não, uma volta à nossa própria inocência e infância. O Advento deve lembrar-nos que "o Rei que há de vir" é mais do que uma encantadora e sorridente criança (ou, se preferem, uma espiritualidade dolorista, chorosa) sobre a palha. Sem dúvida, nada há de errado nas tradicionais alegrias de família, no Natal, nem precisamos envergonhar-nos se nos sentimos ainda capazes de antecipá-las sem demasiada ambivalência. Pois, afinal, esse simples fato não é pouco.

Mas a Igreja, ao nos preparar para o nascimento de um "grande profeta", um Salvador e um Rei da Paz, tem algo mais em mente do que uma simples festa para alegrar. O mistério do Advento focaliza a luz da fé sobre o próprio sentido da vida, da história, do homem, do mundo e de nosso próprio ser. No Advento, celebramos a vinda e, em realidade, a *presença* de Cristo em nosso mundo. Damos testemunho da sua presença mesmo no meio de todos os seus problemas imperscrutáveis e de suas tragédias. Nossa fé do Advento não é uma fuga do mundo para dentro de uma região nebulosa de "slogans" e consolações que declaram ser nossos problemas irreais e nossas tragédias inexistentes.

Os Evangelhos do Advento, como a maioria dos outros textos litúrgicos desse tempo, são sóbrios a ponto de serem austeros. Tomemos, por exemplo, o fato de São João Batista, na prisão de Herodes, na iminência de sofrer morte trágica ao mesmo tempo cruel e sem sentido, dizer: "És tu Aquele que deve vir ou devemos esperar um outro?". Palavras estranhas e mesmo escandalosas que alguns nunca puderam aceitar em seu valor real! Como poderia João fazer com seriedade essa pergunta, uma vez que vira o Espírito Santo descer sobre Jesus no Jordão? Todavia, o estilo direto com que a pergunta foi feita era uma garantia de sua terrível seriedade: pois, no ocaso de sua vida, João se preocupava não só com o que poderíamos chamar "o sucesso de sua missão" mas, mais profundamente ainda, com *a verdade de sua própria vida, a verdade de Israel*, e mesmo a verdade do próprio Javé.

Em nossos dias, o que falta não é tanto a coragem para fazer essa pergunta, como a coragem para esperar uma resposta. Há muitos homens, e alguns deles grandes homens, que pensam que a única atitude autêntica é a franca aceitação da desesperança em face da vida. Talvez, uma das razões pelas quais Sartre toma essa atitude é que ele sinta que os cristãos estão sempre se dando uma respostazinha cômoda a uma pergunta desesperada que eles próprios não têm a coragem de fazer. Nesse caso, nossa alegre aceitação da resposta poderá ser algo menos do que edificante.

São Gregório Magno dizia que todos os cristãos devem continuar a missão profética de João e indicar a presença de Cristo no mundo. Isso pode significar várias coisas diferentes. João foi capaz de indicar a Cristo nas margens do Jordão, em um momento de plenitude que deu sentido a toda a sua vida. Mas João também teve de dar testemunho de Cristo na prisão, em face da morte, no fracasso, quando mesmo o sentido daquele outro momento glorioso parecia ter sido apagado.

Assim também nós, por vezes, podemos ser capazes de mostrar Cristo ao mundo em momentos em que todos podem discernir nitidamente na história uma confirmação da mensagem cristã. Mas permanece o fato de que a nossa tarefa é procurar e encontrar Cristo em nosso mundo tal como esse mundo é, e não como *poderia ser*.

O fato de que o mundo é diferente do que ele poderia ser não altera a verdade de que Cristo está nele presente e de que seu plano não foi nem frustrado, nem mudado. De fato, tudo será feito de acordo com a sua vontade. Nosso Advento é a celebração dessa esperança. O incerto não é a "vinda" de Cristo, mas nossa própria recepção a Ele, nossa resposta a Ele, nossa disponibilidade e capacidade de "ir ao seu encontro". Devemos estar prontos a vê-lo e aclamá-lo como fez João, mesmo no próprio momento em que toda a obra de nossa vida e seu sentido parecem desmoronar. Com efeito, coisa ainda mais formidável, a própria Igreja poderá talvez um dia ser chamada a indicar a vitória do Redentor e Rei dos tempos em meio ao desmoronamento de tudo que foi laboriosamente construído pela devoção dos séculos e das culturas que sinceramente pretendem ser cristãs.

O Advento de Cristo na história não está essencialmente ligado ao desenvolvimento e progresso de uma *civilização* cristã. A "cristandade" é e tem sido uma grande coisa, mas nunca foi um bem absoluto, ou um fim em si. A *cristandade* não é o *cristianismo.* Não é "o Reino" e não é o Cristo Místico.

A realidade da cultura cristã flui, sem dúvida, da presença de Cristo no mundo, não se identifica, porém, com essa presença. Nosso Advento não é, portanto, a celebração de meros valores culturais tradicionais, por maiores que sejam e por mais dignos de perpetuação. O Advento não é um simples retorno, uma repetição, uma renovação do antigo. Não pode ser uma volta à infância, seja pessoal ou social. A vinda do Senhor, que é o mesmo que a sua "presença", é a vinda do novo, não a renovação do velho, e a história sagrada é como o rio heraclitiano onde ninguém pisa duas vezes.

Contudo, uma vez que o Reino é a "plenitude dos tempos", em certo sentido torna o passado presente em sua realização. Mas o passado realizado não é o passado, pois não é apenas renovado, e sim completamente transformado no presente. O Batismo é a realização do êxodo, não sua comemoração. A Eucaristia é o Sacrifício do Senhor tornado presente em sua eterna realidade, e não representado em um drama ritual que faz reviver o passado. Essas realidades sagradas são, de certo modo, intemporais, não que sejam ideias eternas e estáticas, abstrações platônicas, mas, ao contrário, a realização de tudo que é temporal e incompleto. Assim, podem, no mesmo instante, penetrar no tempo e transcendê-lo.

A pergunta de João, "És tu Aquele que deve vir?", contém um interessante elemento de síntese do tempo. O presente mergulha no futuro e há também uma sugestão do passado, uma vez que o presente se refere ao passado em que existe o prévio testemunho de João de que, em Cristo, o Salvador do mundo já havia chegado. A nossa própria celebração do Advento contém essa mesma síntese do passado, presente e futuro. Não só acreditamos que Cristo "virá", mas também que Ele "já veio". E isso focaliza nossa atenção no presente, no qual, na medida em que se trata de uma prova humana, pode ou não haver um sinal visível de um e de outro.

No entanto, cremos que Aquele que veio e que virá está presente aqui e agora, que nós estamos em Seu Reino. Não só isso, mas *somos* seu Reino. E creio que isso explica por que não estamos sempre muito felizes de fazer essa pergunta de João, uma vez que implica uma pergunta sobre nós mesmos, nossa vida, sobre nossa parte na história, sobre o próprio sentido do mistério de Cristo em sua Igreja. Sem dúvida, acreditamos que Cristo esteja em nós, que Ele vive e age no mundo, porque está presente na Igreja. E nós somos a sua Igreja. Mas que significa isso? É essa presença algo "de puramente espiritual"? Se é espiritual a ponto de não ter absolutamente nenhum efeito visível ou significativo na sociedade contemporânea, poderíamos, então, até admitir não ter nenhum sentido que pudesse interessar nossos contemporâneos. Adotaremos nós essa posição e condenaremos nossos contemporâneos como hereges contumazes, prontos para as chamas da geena? Ou têm eles o direito de fazer *a nós* esta pergunta: "Sois vós o Reino de Cristo que já veio, o Príncipe da Paz, o Justo, o Messias que vem trazer unidade e paz ao mundo dividido do homem?".

Têm eles o direito de *ver* em nós alguma prova da presença e da ação de Cristo, alguma manifestação visível do *Pneuma*? Sem dúvida, não é impertinente da parte deles pedir que lhes mostrem aquilo que afirmamos estar presente em nós. E essa afirmação não é questão de teologias esotéricas e perigosas. Nosso argumento apologético predileto em relação à missão divina de Cristo é a santidade da Igreja. Mas a que ponto deve ser evidente a santidade? Onde, com que frequência e de que maneira incontestável deve ela ser manifesta? Será suficiente sermos nós os únicos a estarmos conscientes de sermos santos?

Como responderemos a tais perguntas, ou mesmo como ousaremos fazê-las, se não compreendermos a qualidade kenótica do mistério do Advento? Cristo, que se esvaziou tomando a forma do escravo, morrendo na Cruz por nós, trouxe-nos a plenitude de seus dons e de sua salvação. Contudo, Ele continua em nós uma existência kenótica e escondida. A plenitude dos tempos é o tempo de seu esvaziamento (*kenosis*) em nós. Essa plenitude dos tempos é o tempo de nosso esvaziamento que atrai Cristo às profundezas de nossas vidas, de maneira que, em nós e através de nós, Ele possa comunicar a plenitude de sua verdade ao mundo.

Aqui é que nos devemos precaver de nossos conceitos vesgos em relação à "plenitude" e à "plenificação". É verdade que a glória e a presença de Cristo por vezes transbordaram, não só em carismas espirituais, mas também no que poderíamos denominar o carisma da cultura e as formas espirituais da *civiltà*. Mas, evidentemente, esse "carisma" é, quando muito, metafórico ou analógico, uma vez que supõe o "batizar" de formas que são muito limitadas, tanto no tempo quanto na geografia. Quanto mais estamos "plenos" dessas plenitudes e quanto mais identificamos a aparência de uma cultura próspera com a face do Kyrios glorificado, tanto mais tendemos a ser iludidos por projeção e veleidade de realização, tanto maior o perigo de que nosso cristianismo se torne um vão "espetáculo" aos olhos de Deus. Nesse caso, o Advento do Senhor exige nada mais, nada menos do que a volta ao "vazio" da fé. Pode até significar a destruição da falsa imagem que tínhamos de erguer em nossa honra e de nossa própria realização ou que, erguida em honra do Senhor, não era, contudo, digna dele. Se o Senhor quer fazer viver em nós seu aniquilamento (esvaziamento), sua *kenosis*, não é provável que Ele tolere em nós a plenitude e a autocongratulação da arrogância coletiva. Sobre quem repousará o seu espírito senão no humilde e no pobre? Não quer isso dizer que o orgulho ocasional, ou mesmo muito disseminado, possa validamente lançar dúvidas sobre a verdade da Igreja. Mas não significa que a força e a santidade da Igreja não estejam, nesse momento, onde são supostas e declaradas existir. De fato, pode acontecer que os melhores cristãos estejam entre aqueles que, por qualquer razão, se creem maus cristãos. Isso também pode fazer parte do mistério do Advento e pode lembrar-nos o caminho de Cristo como está narrado nos Evangelhos: Ele veio espontânea e pressurosamente aos que mais dele necessitavam, isto é, os infelizes, os pecadores, os desamparados – aqueles que estavam "vazios".

O mistério do Advento é, pois, um mistério de vazio, de pobreza, de limitação. Tem de ser assim. Sem isso, não poderia ser um mistério de esperança. O mistério do Advento é um mistério de um início. Mas é, também, o mistério de um fim. A plenitude dos tempos é o fim de tudo que ainda não era plenitude. É o completar-se de tudo que ainda estava incompleto, de tudo que ainda era parcial. É a plenitude, na unidade, de tudo que era fragmentário. O mistério do Advento, em nossas vidas, é o início e o fim de tudo, em nós, que não seja Cristo. É o começo do fim da irrealidade, e isso é, certamente, causa de alegria! Mas, infelizmente, nós nos agarramos a nossa irrealidade, preferimos a parte ao todo. Continuamos a ser fragmentos, não queremos ser "um só homem em Cristo".

Teologicamente falando, uma vez que a natureza humana foi assumida pela Palavra de Deus em Cristo, toda a humanidade é, ao menos em potencial, "a humanidade de Cristo", no sentido de que toda natureza humana que existe pertence, de direito, e mesmo de fato, a Cristo. Daí a terrível verdade de que uma humanidade que pertence a Cristo talvez sem o saber, ou sem poder avaliar realmente o sentido de um mistério tão espantoso, está espiritualmente alienada de Cristo e se está dilacerando.

O Corpo de Adão ("Homem"), que deveria ser o Corpo do amor de Deus, é dilacerado pelo ódio. O Corpo de Adão, que deveria ser transfigurado pela luz, é um Corpo de obscuridade e de inverdade. Aquilo que deveria ser uno no amor é dividido em milhões de hostilidades frenéticas e assassinas. Contudo, permanece este fato: Cristo, o Rei da Paz, veio ao mundo e o salvou. Salvou o homem, implantou seu Reino, e seu Reino é um Reino de Paz. Mais que isso, *nós* somos seu Reino. Contudo, inventamos um poder capaz de destruir não só cidades e nações, mas o próprio *Homem.* "És tu Aquele que deve vir, ou devemos esperar um outro?"

Cristo, respondendo aos discípulos de João, deu-lhes sinais que, de acordo com a pregação dos profetas do Antigo Testamento, eram a nítida indicação de que o Reino messiânico chegara. Eram, também, indicações de que a plenitude dos tempos havia chegado e de que o velho mundo terminara. Esses eram os "últimos dias", os dias de realização, os dias "do fim", porque eram dias "do início".

O Advento, para nós, significa aceitação desse início totalmente novo. Significa a disposição de ver a eternidade e o tempo se encontrarem, não só em Cristo, mas *em nós,* no Homem, em nossa vida, em nosso mundo, em nosso tempo. Se devemos penetrar no início do que é novo, temos de aceitar a morte do antigo. O início é, portanto, o fim. Temos de aceitar o fim antes de podermos começar. Ou, antes, para sermos mais fiéis à complexidade da vida, temos de aceitar juntos o fim no início.

O segredo do mistério do Advento é, portanto, a conscientização de que eu começo onde termino, porque Cristo começa onde eu termino. Em termos mais comuns, vivo para Cristo quando morro a mim mesmo. Começo a viver para Cristo quando chego ao "fim" ou ao "limite" do que me divide dos homens, meus semelhantes; quando estou disposto a avançar além desse limite, a atravessar a fronteira, a tornar-me um estranho, a penetrar no deserto que não é "meu eu", onde não respiro nem ouço a barulhada habitual e confortadora de minha própria cidade, onde estou só, sem defesas, na solidão de Deus.

A vitória de Cristo não é, de modo algum, a vitória de minha cidade sobre a cidade "deles". A exaltação de Cristo não é a derrota e a morte de outros, de maneira que "meu lado" possa ser vingado, e que eu possa provar estar "certo". Devo passar por cima, fazer a transição (*pascha*) do meu fim a meu início, da minha antiga vida que terminou e que agora é morte para a minha vida nova, que não existia antes e que, agora, existe em Cristo.

A resposta de Cristo aos discípulos de João foi a resposta da renovação e da vida: "Ide dizer a João o que vistes: os coxos andam, os cegos veem e os pobres são evangelizados". Aqui há duas espécies de sinais escatológicos que se compenetram, pois são todos sinais de vida que procedem do amor. O mal termina e dá lugar ao bem, de maneira visível e física; acaba a cegueira e começa a visão. A doença termina e começa a saúde. Acaba a morte e começa a vida. Mas todos esses sinais são uma prova de um poder vivo, inesgotável, a ação da própria Vida irrompendo no tempo, derrotando e invertendo a obra do tempo. Assim, esse poder manifesta a "plenitude dos tempos", em que o tempo não é mais sucessão irreversível, mera passagem da insuficiência à insuficiência. Sobretudo, a ressurreição dos mortos é uma inversão e uma conquista do tempo. Pois, normalmente, quando a "hora da morte" soa, nunca mais pode haver uma "hora da vida". Contudo, quando a "hora" de Cristo soou, foi, ao mesmo tempo, a hora da morte, da vitória, da vida e da glória. "Pai, chegou a hora, glorifica teu Filho, para que teu Filho te glorifique."

Mais importante do que o sinal escatológico de vida física renovada é o sinal por excelência: "O Evangelho é pregado aos pobres". Quer isso dizer que a mensagem profética da salvação, a realização das promessas divinas, é agora formalmente anunciada aos *anawim*, àqueles que tinham fome e sede do Reino, porque só esperavam no Senhor. E, portanto, os últimos dias já chegaram. É o fim, porque a plenitude, que a terra e o tempo não podiam dar, está agora próxima. Essa plenitude já se iniciou, porque agora Cristo apareceu no meio dos pobres como um deles, e os uniu a si, de maneira a serem, de um modo especial, Ele próprio. O que sucede a eles, acontece, de modo muito particular, a Ele (Mt 25,37-45; cf. Mt 5,3-6; 5,10-11). Os últimos dias já chegaram, não apenas porque os pobres *ouviram falar* em Cristo, mas porque eles "são" Cristo. Os próprios pobres tornam-se agora um sinal escatológico de Cristo, sinal pelo qual outros homens são julgados, pois "*se o mau servo disser em seu coração: 'Meu Senhor tarda em vir' e começa a espancar seus companheiros,* e come e bebe com os ébrios, o Senhor desse servo virá no dia em que ele menos esperar e na hora que ele não sabe e então o destituirá (do Homem em Cristo) e lhe dará sua parte com os hipócritas" (Mt 24,48-50).

O mistério do Advento, portanto, se centraliza no fato de que *Deus está agora presente no Homem e os homens serão julgados de acordo com sua aceitação dessa verdade crucial* em todas as suas consequências. O que fazemos ao homem fazemos a Cristo, o Homem-Deus. Daí a tragédia das desordens e injustiças contemporâneas. Não é só o fato de que impedem os homens de se tornarem um com Cristo, mas antes que eles dilaceram a humanidade quando, no mistério do Advento, o Homem já *é*, pelo menos incoativamente, um com Cristo!

À luz dos acontecimentos em curso, essa doutrina é algo de muito sincero e até atemorizante. Qual de nós não falha nessa fé? Há, porém, esperança no famoso texto de São Paulo: bem ou mal, todos construímos no mesmo fundamento, Cristo Jesus. Nenhuma outra pedra fundamental pode ser colocada. Podemos construir nesses alicerces com ouro, ou pedra, ou madeira, ou palha. No Dia do Senhor (isto é, o dia de seu "Advento"), a obra de cada um será provada pelo fogo. "Se o trabalho de qualquer um que houver construído sobre esse fundamento subsistir, receberá ele uma recompensa. Se a obra de alguém queimar, sofrerá ele perda. Ele próprio, no entanto, será salvo: salvo, contudo, como através do fogo" (1Cor 3,14-15).

Esse é o aspecto "trágico" do mistério do Advento para todo cristão sincero e fiel. Em realidade, amamos a Cristo. Estamos entre aqueles que, na palavra de São Paulo, "amam a sua vinda" (Advento) (2Tm 4,8). Trabalhamos para Ele e para seu Reino, mas somos também cegos, confusos, fracos e falíveis. Talvez tenhamos por vezes resistido e mesmo extinguido seu Espírito, e talvez o tenhamos feito quando pensamos ter o maior zelo por sua verdade. Houve grandes enganos. Esforços heroicos foram por vezes realizados inutilmente. Quando momentos de crise vêm sacudir-nos de nossa autocomplacência, tudo isso se torna tristemente evidente. Que diremos então? O Advento, nesses anos sombrios de "guerras e rumores de guerras", nos lembra que, embora nosso trabalho possa ser julgado e encontrado insuficiente, ou mesmo possa ser totalmente consumido pelo fogo, é no próprio fogo que destrói nossas obras imperfeitas que nós mesmos podemos ser salvos.

[1963]

O kerygma da natividade

Nota: o cristianismo não é tanto um corpo de doutrina quanto a revelação de um mistério. Um mistério é uma ação divina, algo que Deus opera no tempo para introduzir os homens no santuário da eternidade. Sendo o cristianismo uma religião de mistérios, é uma religião de fatos – fatos divinos, ações divinas.

Celebrando os mistérios de Cristo conforme ocorrem no tempo, a Igreja, em primeiro lugar, anuncia esses acontecimentos: "Cristo nasceu!", "Cristo ressuscitou!". Ela os proclama como um arauto proclama a entrada triunfal de um rei vitorioso numa cidade. Seu anúncio, sua proclamação do acontecimento divino, é uma obra que ela confia a seus "arautos", seus apóstolos, seus pregadores. O cristianismo, pois, é essencialmente kerygmático: o sacerdote é um arauto, *kēryx,* um anjo do Senhor dos exércitos, uma voz clamando no deserto: endireitai os caminhos do Senhor.

Estas páginas são uma proclamação, um *kerygma* da natividade do Filho de Deus, nosso Senhor e Salvador Jesus Cristo. Anunciam o fato de seu nascimento. Proclamam a presença de seu mistério entre nós *agora*, este ano. Dizem, como a Igreja também diz em sua liturgia: "Hoje Cristo nasceu, hoje apareceu o Salvador, hoje os anjos cantam na terra e os arcanjos rejubilam; hoje os justos exultam, dizendo: Glória a Deus nas alturas, aleluia".

Cristo nasceu. Nasceu *para nós.* E nasceu *hoje.* Pois o Natal não é simplesmente um dia como qualquer outro. É um dia santificado e tornado especial por um sagrado mistério. Não é, meramente, mais um dia na cansada ronda do tempo. Hoje, a eternidade penetra no tempo, e o tempo santificado é levado à eternidade. Hoje, Cristo, a Palavra Eterna do Pai, que estava no princípio com o Pai, em quem foram feitas todas as coisas, no qual todas subsistem, penetra no mundo criado por Ele, para recuperar as almas esquecidas de sua identidade. Assim, a Igreja exulta com a descida dos anjos para anunciar não apenas um acontecimento antigo, sucedido há muito, mas algo de novo que acontece hoje. Pois hoje Deus Pai torna todas as coisas novas em seu Filho divino, nosso Redentor, conforme suas palavras: *ecce nova facio omnia.*

Por isso, a Igreja da terra se une à Igreja do céu para cantar o mesmo cântico, o louvor novo, o *canticum novum* que o Profeta ordenou que todos cantassem depois que o mundo fosse remido por Cristo, pois sabia, por revelação, ser Ele seu antepassado.

Quando Davi clamava: "Cantai ao Senhor um cântico novo", foi o primeiro a entoar os cânticos que a Igreja cantaria nesse dia em sua liturgia, ao proclamar, para o mundo inteiro, a salvação e a alegria. Pois, como diz São Leão, hoje brilhou para nós um dia de redenção nova, um dia de nova restauração há muito perdida, um dia de felicidade sem fim.

Assim, com o *aleluia* da vitória, o grito triunfante da Páscoa em seus lábios, a Igreja renova o mistério Pascal, no qual a morte é vencida, o poder do demônio é, para sempre, destruído, e os pecados são perdoados. É o mistério da Morte e da Ressurreição do Salvador nascido para nós nesse dia. Hoje, a Igreja canta: *Dies sanctificatus illuxit nobis,* o que significa: "Um dia de salvação, um dia santificado pelo mistério, um dia cheio de poder divino e santificador brilhou sobre nós". E ela continua: "*Aleluia, Aleluia;* um dia santificado brilhou para nós, vinde vós, gentios, e adorai o Senhor, pois, neste dia, uma grande luz desceu sobre a terra". A Igreja conclama o mundo inteiro à adoração, ao preparar-se com grande solenidade para anunciar as palavras do Evangelho em sua terceira missa. Este é o prólogo de João, no qual, com formidável poder que lhe foi dado por Deus, o maior dos Evangelistas proclama que a Palavra que, no início, estava com Deus se fez carne e habita entre nós cheia de graça e de verdade.

No Natal, mais do que nunca, é conveniente lembrar que não temos outra luz senão Cristo, que hoje nasceu para nós. Reflitamos que Ele desceu do Céu para ser nossa luz e nossa vida. Ele veio, como Ele próprio nos assegura, para ser nosso caminho, pelo qual podemos voltar ao Pai. Cristo hoje nos dá luz para conhecê-lo no Pai, e a nós nele, para que, assim, conhecendo e possuindo Cristo, possamos ter vida eterna com Ele no Pai. "Pois isto é a vida eterna, que te conheçam a ti, Pai, o único Deus verdadeiro, e a Jesus Cristo, a quem enviaste" (Jo 17,3). E ainda "a todos que o receberam deu poder de se tornarem filhos de Deus" (Jo 1,12).

Tendo compreendido mais uma vez quem é aquele que vem a nós, e nos havendo recordado de que só Ele é nossa luz, abramos os olhos ao Sol nascente, apressemo-nos em recebê-lo e unamo-nos para celebrar o grande mistério da caridade que é o sacramento de nossa salvação e de nossa união em Cristo. Recebamos a Cristo, para que, em toda verdade, possamos ser luz no Senhor, e que Cristo brilhe, não só *para* nós, mas também *através* de nós, e para podermos, todos juntos, arder na suave luz de sua presença no mundo: quero dizer sua presença em nós, pois somos seu Corpo e sua Igreja santa.

Como diz São Paulo (e isso cantamos, hoje, numa das epístolas):

> Nestes dias, Deus nos falou em seu Filho, a quem constituiu herdeiro de todas as coisas, pelo qual também criou o mundo; o qual sendo o esplendor de sua glória e a imagem de sua substância, sustentando todas as coisas com sua poderosa palavra, depois de nos ter purificado de nossos pecados, está sentado à direita da majestade divina (Hb 1,2-3).

E, em outro lugar, o mesmo apóstolo declara: "Deus, que ordenou que a luz brilhasse nas trevas, brilhou em nossos corações para dar a luz da glória de Deus na face de Cristo Jesus" (1Cor 4,6).

Cristo, luz da luz, nasceu hoje e, uma vez que Ele nasceu para nós, nasce em nós como luz; portanto, nós, que cremos, nascemos hoje para uma nova luz. Quer isso dizer que nossas almas nascem a uma vida nova e a uma nova graça, recebendo Aquele que é a verdade. Pois Cristo, invisível em sua natureza, tornou-se visível em nossa natureza. Que pode isso significar, a não ser que, em primeiro lugar, Ele se tornou visível como homem e, em seguida, se tornou visível em sua Igreja? Ele quer tornar-se visível em nós, viver em nós, operar em nós e salvar-nos através de sua ação secreta em nossos corações e nos corações de nossos irmãos. Devemos, portanto, receber pela fé a luz do Salvador recém-nascido para manifestá-la por nosso testemunho no louvor comum e pelas obras de nossa mútua caridade.

Estas duas coisas, o testemunho e a caridade, estão unidas no maior de todos os nossos atos de culto, no qual celebramos juntos os divinos mistérios, proclamando assim nossa fé, renovando nossa aliança eterna com Deus nosso Pai, e recebendo, em nosso meio, Aquele que é a fonte de nossa fé, assim como é dela objeto. Nós o damos, por assim dizer, uns aos outros, na caridade fraterna que nos une nos laços da paz. Porque, depois do nascimento de Cristo em nossos corações, Ele se abraça a si mesmo no coração de nosso irmão pelo amor de seu próprio Espírito. Ligando-se, como Ele está em nós, consigo mesmo, como Ele está em nosso irmão, repõe-nos, no mesmo Espírito, no abraço do Pai celeste.

Nascemos hoje em Cristo, para esse abraço e para essa paz. Será de admirar que sintamos em nossos corações a exultação da luz divina que se derrama em nosso espírito da presença do Salvador recém-nascido e nos transforma de glória em glória à sua imagem?

É esse o mistério da luz que brilha hoje sobre nós e que, em toda parte, a Igreja proclama em seus sagrados cânticos e textos. *Tu lumen, Tu splendor Patris*, canta ela nas Laudes, dirigindo-se não só Àquele que está diante dela misticamente, mas também derramando a luz e o esplendor de Deus que d'Ele irradiam para o seu coração. Esse esplendor brilha, em realidade, no coração de todos nós que recebemos o batismo, o sacramento da luz. Brilha mais vivamente em todos nós que fomos inebriados com o fogo do Espírito Santo e tornados cegos pela gloriosa luz do Santíssimo Corpo do Salvador, que recebemos como nosso místico alimento. De fato, o cálice da salvação veio a nós transbordando com fogo divino, e o Corpo do Senhor queimou destruindo as trevas e a impureza do mundanismo que nos impedia de ver Aquele que habita no meio de nós e que não conhecemos: "Nosso Deus é um fogo consumidor". Portanto, em suas várias orações, a Igreja ora com as seguintes palavras:

> Ó Deus, que fizestes esta noite santíssima brilhar com o esplendor da verdadeira luz, concedei, nós Vos suplicamos, que possamos gozar, no céu, a alegria daquele cujo mistério de luz conhecemos na terra... concedei que nós, que somos banhados na nova luz da vossa Palavra feita carne, possamos manifestar em nossas ações a fé que ilumina as nossas almas... concedei, pela liberalidade de vossa graça, que, através dessa sagrada comunhão no mistério (*haec sacrosancta commercia*), sejamos tornados conformes àqueles em quem nossa substância está a Vós unida... possam os nossos dons,

> nós Vos suplicamos, Senhor, serem dignos dos mistérios da Natividade que hoje celebramos, e nos infundam uma paz perpétua, para que, assim como Aquele que nasceu homem brilhou como Deus, também estes dons terrenos nos comuniquem o que é divino.

Em todas essas orações, a Igreja nos imerge na luz de Deus que brilha nas trevas do mundo, para que possamos ser iluminados e transformados pela presença do Salvador recém-nascido e, assim, para que Ele possa nascer e viver verdadeiramente em nós, tornando todos os nossos pensamentos e ações luz nele. Que alegria, pois, ter Aquele que habita eternamente na luz inacessível e na paz do Pai deixado o trono de sua glória, descendo para ser um de nós! Ou melhor, sem deixar o seio do Pai, velando a luz excessivamente brilhante de sua glória na nuvem da natureza humana, Aquele que tem seu trono acima dos querubins vem morar entre nós, numa pobre manjedoura. Essa Criança que os pastores, atônitos pelo brilho do coro angélico, mal podem ver na escuridão da gruta iluminada pela lanterna de José, essa Criança é (por sua divindade) o Ancião dos dias, o Criador e o Juiz do céu e da terra do qual escreveu o profeta Daniel:

> Eu vi quando os tronos foram colocados e o Ancião dos dias sentou-se, sua veste era branca como a neve e os cabelos de sua cabeça, como lã pura; seu trono era como chamas de fogo, suas rodas como fogo ardente. Um rio impetuoso de fogo surgia diante dele, milhares e milhares o serviam, e dez mil vezes cem mil estavam de pé diante dele (Dn 7,9-10).

Essa é a visão de Daniel da divindade que, em sua natureza humana, aqui jaz, impotente, na escuridão. Mas o Filho do homem, aqui nascido, é Ele mesmo a Palavra, consubstancial ao Pai. A esse Filho unigênito igual ao Pai em todas as coisas, como Deus, mas inferior ao Pai enquanto homem, todo o poder é dado pelo Pai. Assim, Daniel diz ainda:

> Eu vi, portanto, na visão da noite, e eis que alguém como o Filho do homem vinha sobre as nuvens do céu e veio mesmo ao Ancião dos dias e eles o apresentaram diante dele, e Ele lhe deu poder e glória e um reino e todos os povos, tribos e línguas hão de servi-lo. Seu poder é um poder eterno que não lhe será retirado, e seu reino não será destruído (Dn 7,13-14).

Este, pois, é o Rei prometido desde o início do mundo, e cujo reino não terá fim.

Não o temais. Deus se esvaziou e veio como uma criancinha, para que nós, que não fomos salvos pelo temor, mas apenas destruídos por ele, possamos nos reanimar e sermos salvos, pela confiança.

Ao "esvaziar-se", tomando a forma do escravo, o Senhor pôs de lado sua majestade e seu poder divino, para habitar entre nós com bondade e misericórdia. Escutai o que dizem os Santos Padres:

> O poder de Deus se havia manifestado antes da criação do mundo, e sua sabedoria, no governo daquilo que Ele criou; mas a bondade de sua misericórdia se manifesta, agora, mais nitidamente em sua humanidade. Ele se reve-

> lou aos judeus por sinais e maravilhas... mas os judeus foram esmagados por seu poder e os filósofos que procuravam com impertinência penetrar os segredos de sua majestade ficaram cegos pela sua glória.

São palavras de São Bernardo. Nem o poder, nem a glória podem, portanto, salvar-nos. Pois se o poder e a glória de Deus se revelam ao nosso olho nu, ficaremos cegos pela sua luz e consumidos por seu fogo. O que, então, poderá suceder? São Bernardo exclama como a Igreja também o faz, de geração em geração: "Manifestai, Senhor, a vossa bondade, para que o homem criado a vossa imagem possa se tornar semelhante a ela". *Appareat, Domine, bonitas, cui possit homo, qui ad imaginem tuam creatus est, conformari.*

Vimos que Deus, de fato, respondeu a essa oração, pois toda a sua bondade, todo o seu amor, toda a sua misericórdia (que não éramos capazes de ver na terrível tempestade sobre o Sinai ou no vendaval no deserto), toda a mansidão do grande Deus manifestou-se a nós em Cristo. *Apparuit benignitas et humanitas salvatoris nostri Dei*!

A criança que repousa no presépio impotente e abandonada ao amor de suas criaturas, inteiramente dependente delas para ser alimentada, vestida e sustentada, permanece o Criador e Dominador do universo. Entretanto, em sua natureza humana, Ele quer ser impotente, para que possamos tomá-lo sob nossos cuidados. Pois aqui não se trata de meras aparências. A pobreza da criança e de sua Mãe, a solidão e o desamparo de ambos em Belém, sua necessidade de alimento, roupa e sustento, tudo isso é tão real quanto nossas necessidades e nossas próprias limitações. E por quê? Sobretudo por causa da realidade de seu amor. Ele abraçou nossa pobreza e nossa dor, por nosso amor, para dar-nos suas riquezas e sua alegria. Tornou-se pobre, tão pobre quanto o mais pobre dentre nós, para que nenhum de nós se mantivesse distante dele por uma falsa vergonha. Pois o amor com que essa Criança divina nos ama é realmente o amor de uma criança humana, mas também, e com a mesma realidade, é o amor de nosso Salvador e de nosso Deus. Os braços com que nos abraça não são bastante fortes para ferir-nos, embora sejam de um Deus. Que há de mais evidente do que o fato de que esse Deus que nos ama, e que não odeia nada do que Ele fez, não nos queira fazer nenhum mal? Pode Deus querer algo que não seja para o nosso bem? Não. Somos nós que nos atiramos à nossa própria destruição fugindo de seu amor.

Vamos, portanto, conforme as palavras do Apóstolo, "renunciar à impiedade e aos desejos mundanos e viver sóbria, justa e piamente neste mundo, na expectativa da bem-aventurada esperança e da vinda gloriosa do grande Deus e nosso Salvador Jesus Cristo; Ele se entregou por nós para redimir-nos de toda iniquidade e purificar para si um povo escolhido, cheio de zelo nas boas obras" (Tt 2,11-14). Mas São Paulo fala aqui de outra vinda do Senhor, no Juízo Final. Pois quer a Igreja que nos lembremos de que, sem a consumação da obra de Cristo na terra, seus inícios não teriam sentido. O sagrado Corpo assumido pelo Salvador do mundo no seio da Virgem Mãe ressurgiu dos mortos e reina sobre o céu e a terra, entronizado à direita do Pai. A Criança, que contemplamos em mistério neste dia, vive, em realidade, no seio do Pai, onde é sempre gerada de novo no "dia" da eternidade, e governa o curso do mundo e das vidas dos homens com onipotente misericórdia. Ele que é ao mesmo tempo uma Criança e um Rei, um Infante e o Ancião dos Dias, considera com olhar tranquilo o dia em que dará à nossa carne o participar de sua vitória final sobre a morte. Naquele dia, o Senhor, que pelo nascimento penetrou no mundo e no tempo num Corpo mortal, revestirá nossa mortalidade de incorrupção. "Ao som da trombeta os mortos ressurgirão incorruptos e seremos transformados" (1Cor 15,52). Pois Deus tornou-se homem para que os homens se tornassem deuses.

Se queremos ver Cristo em sua glória, devemos reconhecê-lo agora em sua humildade. Se queremos que sua luz brilhe em nossas trevas e que sua imortalidade revista nossa mortalidade, temos de sofrer com Ele neste mundo, para sermos com Ele coroados no Paraíso. Se queremos que seu amor nos transforme de glória em glória à sua perfeita semelhança, devemos amar-nos uns aos outros como Ele nos amou e nos assentarmos àquela bendita mesa, onde Ele se torna nosso alimento, colocando diante de nós o Pão Vivo, o maná que nos é enviado do céu neste dia, para ser a vida do mundo.

Jesus, que veio alimentar nosso espírito com seu Corpo e seu Sangue, o faz não para se transformar em nós e sim para nos transformar nele. Ele se deu a nós para que possamos pertencer-lhe. Pois o centro deste grande mistério é o desígnio do Pai Eterno de restabelecer todas as coisas em Cristo. Isso, diz São Paulo, é o "Mistério de sua vontade... na economia da plenitude dos tempos, de restabelecer todas as coisas em Cristo, tanto as do céu como as da terra".

Essa Criança, o Redentor que vem entre os cânticos dos anjos, em resposta às orações de todos os Patriarcas e Profetas, e para satisfazer os inconscientes anelos de toda a estirpe de Adão exilada do Paraíso, vem igualmente para aquietar os gemidos de toda a criação. Pois o mundo inteiro esteve mergulhado em trabalho e gemidos, desde a queda do homem. Todo o universo criado, com sua variadíssima beleza e esplendor, tem sofrido dores de parto, em desordem, ansiando pelo nascimento do Salvador. Toda criatura geme e sente dores de parto até agora... pois a expectativa da criatura aguarda a revelação dos filhos de Deus.

Os Patriarcas e Profetas rogavam pela vinda de Cristo em Belém, e essa primeira vinda não silenciou os gemidos da criação. Pois, conforme as palavras do Apóstolo que acabamos de ouvir, enquanto o homem espera pelo nascimento de Jesus na Judeia, o resto do universo ainda aguarda a revelação de Cristo em sua Igreja.

O mistério do Natal, portanto, nos impõe uma dívida e uma obrigação para com os demais homens e para com todo o universo criado. Nós, que vimos a luz de Cristo, somos obrigados, pela grandeza da graça que nos foi dada, a tornar conhecida a presença do Salvador até os confins da terra. Isso faremos, não só pregando a boa nova de sua vinda, mas, sobretudo, revelando-o em nossas vidas. Cristo nasceu hoje para nós, de maneira a poder manifestar-se ao mundo através de nós. Esse dia é o do seu nascimento, mas todos os dias de nossa vida mortal devem ser sua manifestação, sua divina Epifania no mundo que Ele criou e redimiu.

[1956]

Quarta-feira de Cinzas

Mesmo os momentos mais sombrios da liturgia são cheios de alegria, e Quarta-feira de Cinzas, o início do jejum quaresmal, é um dia de felicidade, é uma festa cristã. Não pode ser de outro modo, uma vez que faz parte do grande ciclo pascal.

O mistério Pascal é, acima de tudo, o mistério da vida no qual a Igreja, celebrando a Morte e a Ressurreição de Cristo, penetra no reino da vida que Ele implantou, uma vez por todas, por sua vitória definitiva sobre o pecado e a morte. Devemos nos lembrar do sentido primitivo da Quaresma, como o *ver sacrum,* a fonte sagrada na qual os catecúmenos eram preparados para o batismo, e os penitentes públicos purificados, pela penitência, para a restauração da sua vida sacramental em comunhão com o resto da Igreja. A Quaresma, pois, não é tanto tempo de punição quanto de cura. Há alegria no jejum e na abstinência salutares do cristão que come e bebe menos para que sua mente possa tornar-se mais clara e receptiva para acolher o sagrado alimento da palavra de Deus anunciada por toda a Igreja, que a medita na liturgia cotidiana durante toda a Quaresma. Toda a vida e todo o ensinamento de Cristo perpassam diante de nós, e a Quaresma é um tempo de especial reflexão e oração, é um retiro de quarenta dias em que o cristão, à medida que lhe é possível, procura seguir a Cristo no deserto, orando e jejuando.

Os monges e os ascetas se entregarão particularmente ao jejum, às vigílias, ao silêncio e à solidão, nesses dias, e meditarão mais profundamente a Palavra de Deus. No entanto, todos os fiéis devem ouvir a Palavra de Deus como é anunciada na liturgia ou nas celebrações bíblicas e responder a ela conforme a sua capacidade. Desse modo, a Quaresma não será, para toda a Igreja, meramente um tempo de algumas práticas penitenciais formalistas, compreendidas pela metade e efetuadas sem interesse; será, pelo contrário, um tempo de metanoia, em que todos os corações e espíritos voltam-se realmente para Deus, em preparação para a celebração do mistério Pascal em que alguns receberão, pela primeira vez, a luz de Cristo, outros serão reintegrados na comunhão dos fiéis, e todos renovarão a consagração batismal de suas vidas a Deus em Cristo.

A cruz de cinzas traçada sobre a fronte de cada cristão é não só uma lembrança da morte, mas um inevitável (embora tacitamente) penhor de ressurreição. As cinzas de um cristão não são apenas cinzas. O corpo de um cristão é o templo do Espírito Santo e, conquanto fadado à morte, voltará novamente à vida na glória. A cruz traçada com as cinzas é o sinal da vitória de Cristo sobre a morte. As palavras "lembra-te, homem, que és pó, e que ao pó voltarás" não devem ser tomadas como uma espécie de "sacramento de morte" (como se tal coisa fosse possível). Poderia ser bom estoicismo receber uma simples lembrança de nossa condenação à morte; não é, porém, cristão. A declaração de que o corpo deve voltar temporariamente ao pó é um desafio ao combate espiritual para que nosso sepultamento possa ser em Cristo, e para que possamos, com Ele, ressuscitar para "viver em Deus".

As cinzas desta quarta-feira não são mero sinal de morte, e sim promessa de vida para aqueles que fazem penitência. Entretanto, as cinzas são, sem dúvida alguma, um chamado à penitência, ao jejum e à compunção.

Daí o caráter aparentemente paradoxal da liturgia da Quarta-feira de Cinzas. O Evangelho nos diz que evitemos sinais externos de tristeza e, quando jejuamos, que devemos ungir nossas cabeças e lavar nossos rostos. No entanto, nossas cabeças são marcadas com cinzas. Deve haver tristeza nesse dia de alegria. É um dia, veremos adiante, em que a alegria e a tristeza vão a par. Pois é este o sentido da compunção – uma tristeza que transpassa, libera, dá esperança e, portanto, dá alegria. A compunção é um batismo de tristeza no qual as lágrimas do penitente são uma purificação psicológica, mas, ao mesmo tempo, profundamente religiosa, preparando-o e dispondo-o para as águas sacramentais do batismo ou para o sacramento da penitência. Essa tristeza traz alegria, porque é, ao mesmo tempo, um reconhecimento maduro de culpabilidade e uma aceitação de todas as suas consequências. Assim, implica um reajuste religioso e moral à realidade, a aceitação de nossa condição atual, e a aceitação da realidade é sempre uma libertação do peso da ilusão que nos esforçamos por justificar por nossos erros e nossos pecados. A compunção é uma tristeza necessária, mas é seguida da alegria e do alívio, porque nos obtém uma das maiores bênçãos: a luz da verdade e a graça da humildade. As lágrimas do cristão penitente são lágrimas reais, mas trazem alegria.

Somente o dilaceramento interior, o rasgar do coração traz alegria. Deixa sair nossos pecados e deixa entrar o ar puro da primavera de Deus, o sol dos dias que nos aproximam da Páscoa. O rasgar as vestes só deixa entrar o frio. O rasgar do coração de que se fala na lição tirada de Joel é aquele "rasgar" para de nós arrancar a nossa *vetustas* – a "velhice" do homem velho cansado pelo tédio e pela monotonia de uma existência indiferente, para que nos possamos voltar para Deus e saborear sua misericórdia na liberdade de seus filhos.

Quando nos voltamos para Ele, que encontramos? Aprendemos que "Ele é amável e misericordioso, paciente e rico em misericórdia". Ele nos fala até com suas próprias palavras, dizendo: "Eis que vos enviarei trigo, vinho e óleo e ficareis saciados. E não mais farei de vós uma reprovação entre as nações" (Jl 2,19). Isso no início de quarenta dias de jejum!

É necessário que, no início desse jejum, o Senhor se manifeste a nós em sua misericórdia. A finalidade do Advento não é só expiação para satisfazer a justiça divina; é, sobretudo, uma preparação para nos alegrarmos em seu amor. E essa preparação consiste em receber o dom de sua misericórdia – dom que recebemos na medida em que lhe abrimos nosso coração, lançando fora o que não pode permanecer juntamente com a misericórdia.

Ora, uma das primeiras coisas que devemos lançar fora é o temor. O temor estreita ainda mais a pequena entrada de nosso coração, diminui nossa capacidade de amar. Resfria nossa capacidade de nos darmos. Se estivéssemos aterrorizados diante de Deus como diante de um juiz inexorável, não esperaríamos, confiantes, sua misericórdia, nem nos aproximaríamos dele confiantemente, na oração. Nossa paz, nossa alegria, na Quaresma, são uma garantia de graça.

Colocando sobre nós a leve cruz das cinzas, a Igreja deseja retirar de nossos ombros todos os outros fardos pesados – a carga esmagadora da preocupação e o sentimento obsessivo de culpabilidade, o peso morto de nosso amor-próprio. Não devemos tomar sobre nós um "fardo" de penitência e entrar na Quaresma cambaleando como se fôssemos Atlas carregando o mundo inteiro nos ombros.

Talvez haja pouca probabilidade de fazermos isso. Mas, em todo caso, a penitência é considerada pela Igreja menos um fardo do que uma libertação. Só é um fardo para aqueles que a carregam de má vontade. O amor o torna leve e feliz. E essa é mais uma razão pela qual a Quarta-feira de Cinzas está repleta da leveza do amor.

Em algumas comunidades monásticas, os monges vão receber as cinzas descalços. Andar descalço é uma coisa que alegra. É bom sentir a terra debaixo dos pés.

É bom, quando toda a igreja está silenciosa, repleta do sussurro de homens andando descalços. É de admirar, em todo caso, porque usamos coisas tais como sapatos. A oração é muito mais cheia de sentido sem eles. Seria bom retirá-los, sempre, na igreja. Entretanto, pareceria talvez grotesco àqueles que já se esqueceram dessas satisfações tão elementares. Poderia alguém resfriar-se a esse simples pensamento – voltemos, portanto, à liturgia.

Dizer que existe alegria na Quarta-feira de Cinzas não é esvaziar a procissão dessa celebração de sua tristeza e angústia. "Salvai-me, ó Deus, clamamos logo no início, pois as águas invadiram-me até a alma" (Sl 69,1). Isso não é um canto de alegria. Se nos apresentamos diante de Deus para receber as cinzas das mãos do sacerdote é porque estamos convencidos de nossa culpabilidade.

É um modo fraco de expressar o fato. O pecado é algo de que é preciso falar em termos concretos e existenciais. Um pecador, no sentido em que a liturgia o entende, não é alguém que tem uma convicção teórica de que a violação da lei traz uma punição pela culpa. Um pecador é alguém que se afoga, é um navio que vai a pique. Águas revoltas o cercam de todos os lados. Ele se desfaz sob a pressão da tempestade que investe contra a sua vontade, e agora as águas invadem o porão, e o homem é arrastado para fora. As águas se cruzam sobre sua cabeça e ele clama a Deus: "As águas invadiram até a minha alma".

A Quarta-feira de Cinzas é para aqueles que sabem o que significa estar sua alma enrijecida por essas águas glaciais. Todos nós somos dessas pessoas, se pelo menos podemos compreendê-lo.

A Quarta-feira de Cinzas está cheia de confiança; no entanto, isso não significa segurança isenta de preocupação. A confiança do cristão é sempre uma confiança apesar das trevas e do risco, em presença do perigo e com toda evidência de possível desastre. "Emendemo-nos para melhor naquilo em que pecamos por ignorância, para que, subitamente surpreendidos pela morte, procuremos tempo para arrependimento e não o encontremos."

Essas últimas palavras são, de fato, sérias. E notai que é dos pecados dos quais não temos inteiramente consciência que nos devemos emendar. Ainda uma vez, a Quaresma não é simplesmente um tempo para acertarmos contas das quais estamos conscientes – mas para descobrir o que talvez antes não tenhamos visto. A luz da Quaresma nos é dada para nos ajudar a essa descoberta.

Todavia, a liturgia da Quarta-feira de Cinzas não focaliza a culpabilidade do penitente, e sim a misericórdia de Deus. A questão da culpabilidade é suscitada precisamente porque este é um dia de misericórdia, e os justos não precisam de um Salvador.

Em parte alguma encontramos expressões mais ternas da misericórdia divina do que nesse dia. Sua misericórdia é benévola. Ele nos considera "conforme a multidão de vossas ternas misericórdias". Cantamos, no Introito, "sois misericordioso para com todos (*Misereris omniuni*), ó Senhor, e não odiais nada do que fizestes.

Vós usais de indulgência para com os pecados dos homens e lhes perdoais quando eles fazem penitência; porque sois o Senhor, nosso Deus".

Como são boas essas palavras da Sabedoria num tempo em que, de todos os lados, o Senhor é tido pelos homens como um Deus que odeia. Aqueles que o negam declaram fazê-lo porque o mal no mundo só pode ser obra de um Deus que odeia o mundo.

Mas mesmo aqueles que professam amá-lo consideram-no, com demasiada frequência, um Pai furioso unicamente preocupado em punir e em vingar-se pelo mal feito "contra Ele" – alguém que não pode suportar a mínima contradição e imediatamente o anota para uma represália, e que não deixará passar, sem que seja pago, um só vintém de uma dívida.

Esse não é o Deus, o Pai de Nosso Senhor Jesus Cristo, que "esconde" nossos pecados (*dissimulans peccata*) e deles desvia os olhos, como a mãe que refaz, rápida e eficientemente, o rosto manchado do filho no momento de penetrar numa casa onde deve ele aparecer limpo. As bênçãos das cinzas o conhecem unicamente como "o Deus que não deseja a morte do pecador", "que se deixa comover pela humilhação e aplacar pela satisfação". Ele é, em toda parte, manifestado como "*multum misericors*" – cheio de misericórdia.

E, do tesouro infinito de suas misericórdias, Ele tira o dom da compunção. Esse dom é uma tristeza sem temor servil, e é tanto mais profundo e terno quanto recebe o perdão do amor tranquilo e calmo do Senhor misericordioso. É um amor que a liturgia latina denomina, em duas palavras intraduzíveis, *serenissima pietas*. O Deus da Quarta-feira de Cinzas é como um calmo oceano de misericórdia. Nele, não há cólera.

Esse "*dissimulans*", esse "esconder" da severidade de Deus não é um subterfúgio. É uma revelação de sua verdadeira natureza. Ele não é severo, e não é teologicamente exato dizer que Ele se encoleriza, que é levado a punir e a ferir.

Deus é amor. O amor só se torna severo para aqueles que o obrigam a ser severo para com eles. O amor só é duro para aqueles que o recusam. Não é e não pode ser vontade do amor a recusa. Portanto, não é e não pode ser vontade do amor a severidade e o castigo.

Contudo, é da própria natureza do amor que sua ausência cause tristeza, morte e punição. Sua severidade decorre não de sua natureza, mas do fato de nossa recusa. Aqueles que recusam a Deus são severos consigo mesmos e se imolam ao deus vingativo do seu amor-próprio.

É desse ídolo que o amor nos quer libertar. A tão amargo servidor o amor jamais nos condenaria.

Isso nos leva ao sentido do jejum quaresmal. Não é que o alimento seja mau, ou que as satisfações naturais sejam algo que Deus nos permite constrangido, preferindo privar-nos delas sempre que possa.

O jejum é uma coisa boa porque o alimento, em si, é bom. No entanto, as boas coisas deste mundo estão sujeitas à seguinte lei: são boas em seu tempo, e não fora dele.

O alimento é bom, mas comer constantemente é mau e, em realidade, nem é muito agradável. Alguém que se farta com a comida e a bebida goza muito menos com se ter fartado do que aquele que jejua, com sua refeição frugal.

O próprio jejum, moderado e de acordo com a vontade de Deus, é algo agradável. Há alegrias naturais, sadias, na autorrestrição; alegrias do espírito que partilha sua leveza até mesmo com a carne. Feliz o homem cuja carne não lhe pesa sobre o espírito, mas repousa de leve sobre seu braço como uma companheira gentil.

Por isso é que há sabedoria em jejuar. A mente clara e o passo leve de alguém que não está superalimentado permitem-lhe ver seu caminho e atravessar a vida com uma alegria mais sábia. Há mesmo uma profunda conveniência natural em jejuar na primavera do ano.

Até um certo ponto, essas razões são verdadeiras; não bastam, porém, em si, para explicar o jejum quaresmal. O jejum não é mera disciplina natural e ética para o cristão. É verdade que São Paulo evoca a clássica comparação do atleta em treinamento. O propósito do jejum cristão, no entanto, não é simplesmente revigorar o organismo nem suprimir gordura inútil e pôr o corpo, tanto quanto a alma, em boa forma para a Páscoa. O sentido religioso do jejum quaresmal é mais profundo. Nosso jejum deve ser considerado no contexto de vida e morte. São Paulo tornou claro que ele reduzia seu corpo à sujeição não simplesmente para o bem da alma, mas para que o homem todo não fosse "lançado fora".

Em outras palavras, o jejum cristão é algo de essencialmente diverso de uma disciplina filosófica e ética para o bem da mente. Tem sua parte na obra da salvação e, portanto, no mistério Pascal. O cristão deve negar-se, seja jejuando, seja de outro modo qualquer, de maneira a tornar clara sua participação no mistério Pascal: o mistério de nosso sepultamento com Cristo para ressuscitarmos com Ele a uma vida nova. Ora, isso não pode ser simples questão de "atos interiores" e "boas intenções". Não deve ser algo de puramente "mental" e subjetivo. É por isso que o jejum é proposto ao cristão por uma longa tradição e pela própria Bíblia como uma forma concreta de expressar a abnegação, a imitação de Cristo, participando em seus mistérios.

É verdade que a atual disciplina da Igreja, por motivos sérios, aliviou a obrigação do jejum e, em algumas regiões, a suprimiu totalmente. Todavia, o cristão certamente deve desejar, se isso lhe for possível, participar dessa antiga observância quaresmal tão necessária para uma compreensão autêntica do sentido do mistério Pascal.

Finalmente, as próprias cinzas são medicina espiritual, como todos os sacramentais. Os frutos dessas cinzas aparentemente estéreis são maravilhosamente ricos! Grande é o poder secreto que lhes é comunicado pela influência do corpo ressuscitado de Cristo que, por sua vitória, se tornou "Espírito vivificador".

As riquezas desse sacramental se manifestam com nitidez nas orações da bênção. Abençoadas e santificadas pelo Sinal da Cruz, as cinzas se tornam "*remedium salu-*

bre" (medicina salutar) e trazem tanto *sanitas* (integridade) ao corpo como proteção à alma (*animae tutelam*), ambas servindo para a remissão dos pecados. Trazem a graça daquela humildade que elas significam e também o perdão que imploram pelo fato de recebê-las.

Trazem, ao mesmo tempo, a conscientização do horror ao pecado e a confiança no perdão. Trazem consigo todos os socorros necessários ao combate da Quaresma. Emprestam uma eficácia especial às nossas penitências e orações quaresmais. Em uma palavra, as cinzas marcam todo o nosso ser com a misericordiosa bênção de Deus.

Armados com a graça desse grande sacramental, iniciamos nossos quatro dias de preparação para a Quaresma. Pois, como alguns podem ficar surpreendidos em o saber, a Quarta-feira de Cinzas não é o início da Quaresma, mas apenas o início do jejum quaresmal.

O tempo litúrgico da Quaresma começa no domingo seguinte e, aí, a liturgia tem um caráter diferente. É mais antiga e, por isso, mais objetiva. A estrutura da missa do domingo é mais elevada e nobre em sua arquitetura esplendidamente simples. Nada é dito de como se sente o pecador, e o problema de qualquer possível conflito entre a misericórdia e a justiça de Deus não é suscitado. Tudo é banhado na mesma pura luz, a luz do deserto em que Cristo Senhor jejua em solidão e é tentado pelo diabo.

Os ritos medievais dramáticos da Quarta-feira de Cinzas podem, talvez, produzir uma atração mais imediata sobre nossos sentimentos. Contudo, a missa do primeiro domingo nos faz penetrar mais profundamente no verdadeiro mistério da Quaresma, unindo-nos mais íntima e diretamente com Cristo, que, orando e jejuando em nós, nos purificará, oferecendo-nos juntamente com Ele ao Pai na glória de sua vitória pascal.

[1958]

Abnegação cristã

Jesus Cristo, que ordenou a seus discípulos deixassem tudo, tomassem sua cruz e O seguissem, insistiu em não ser Ele deste mundo (Jo 8,23). O motivo é claro. No sentido do Novo Testamento, o "mundo" significa a sociedade daqueles que não queriam nem podiam conhecer o Deus Vivo. Quer isso dizer que, embora pudessem ter um conhecimento conceitual *sobre* Deus e pudessem colocá-lo no centro de sua visão cósmica, tributando-lhe o respeito de seu culto, tal era sua vida que podiam dispensar a intervenção "viva e eficaz" da palavra de Deus. De fato, sua religião e filosofia – ou então a ausência de ambas – não era uma confissão de dependência para com Deus. E ainda menos um caminho de obediência a seus mandamentos. Era um meio de existência que se justificava pela crença implícita no homem sem Deus. Esse meio de existência é "o caminho da carne", isto é, o caminho da obediência "à vontade da carne", ou seja, o da vontade de autoafirmação do homem independente de Deus. Um ascetismo que se enquadre nesse contexto de "carne" pode, em realidade, ser muito vigoroso e extremamente "espiritual". O que lhe dá a marca da "carne" é sua atração contínua por uma "perfeição" definitivamente autorrealizada, independente de nossa condição de criatura. "Pois tudo que existe no mundo – a concupiscência da carne, a concupiscência dos olhos e o orgulho da vida – não vem do Pai, mas sim do mundo" (1Jo 2,16). Jesus disse a seus discípulos que mesmo os piedosos por profissão (os fariseus), cuja vida seguia uma linha rígida e exteriormente austera, se haviam tornado incapazes de receber sua Palavra e seu Espírito porque "julgavam conforme a carne" (Jo 8,15) e acrescentou: "o Espírito é que vivifica. A carne de nada serve" (Jo 6,64).

Ora, esse Espírito de Deus é denominado por Jesus "o Espírito de Verdade que o mundo não pode receber porque não o vê e não o conhece" (Jo 14,17). "É o Espírito de Verdade oposto à vontade da carne". E aqui temos de nos esforçar por distinguir o conceito bíblico do homem da visão platônica que se tornou dele quase inseparável no pensamento do Ocidente. A Bíblia não divide o homem em uma essência espiritual (alma) e um corpo acidental, feito de existência, nem tampouco o faz a ortodoxa teologia cristã. Todavia, na tradição do platonismo cristão, ainda que possa ser ela magnífica, a antropologia bíblica teve tendência a se revestir de um colorido grego. A verdadeira vida do homem é considerada a vida da alma, *distinta* e *oposta* à do corpo. O ascetismo cristão, assim, acaba por ser considerado libertação da alma de uma espécie de "cativeiro" no corpo. As coisas temporais, pertencentes à zona do corpo, são tidas como más ou, quando muito, inferiores às coisas espirituais que se referem à alma e à eternidade. A "vida espiritual" do homem é, então, um retraimento do tempo para dentro da eternidade – ora, isso por sua vez implica em descuido ou desprezo pelas coisas temporais, comuns à vida ativa cotidiana. A "espiritualidade" parece, então, exigir a negação da realidade do cotidiano e um retraimento para a região dos anjos e das puras essências onde, consequentemente, a "união com Deus" será alcançada fora do tempo e de toda contaminação com tudo que é temporal e corpóreo.

Será essa uma perspectiva autenticamente cristã? A finalidade da abnegação residirá unicamente em "liberar a alma" e retraí-la das distrações e preocupações temporais? Não é o cristianismo, pelo contrário, uma aceitação humilde e realista da vida cotidiana e da vontade de Deus num espírito de obediência e liberdade? A verdadeira finalidade de nossa abnegação não está no *esclarecimento* da vontade de Deus a nosso respeito e na *unificação* de todo o nosso ser, corpo e alma, a seu serviço?

Os que são vivificados para uma vida divina em Cristo, por seu Espírito, entram em comunhão íntima com a verdade. Possuem a verdade. A verdade vive em todo o seu ser e se manifesta em todas as suas atividades, do corpo e da alma. "A verdade os tornou livres." Cristo é a verdade. E, para alcançar essa união com Ele, essa liberdade baseada em valores verdadeiros e em firme adesão à vontade de Deus, temos, necessariamente, de purificar nossos corações de todo apego a valores falsos, egocentristas, e de toda segurança em nossa própria vontade. Pois não há liberdade no egoísmo, mas só cativeiro. E não há visão salvífica no intelecto desamparado do homem decaído. As verdades limitadas que ele pode ainda perceber parecem apenas cegá-lo, uma vez que, na prática, ele nunca as dirige para a única coisa que importa: a glória de Deus.

Cada página do Novo Testamento nos força a aceitar a conclusão que São Paulo expressa numa linguagem tão inequívoca: "Não somos devedores da carne (isto é, do eu egocêntrico), para vivermos segundo a carne, pois, se viverdes segundo a carne, morrereis, mas se, pelo Espírito, mortificardes as obras da carne, vivereis" (Rm 8,12-13).

Ainda há muita gente que pensa que a abnegação cristã significa renunciar a todas as coisas melhores da vida para pagar uma dívida rigorosa a um juiz severo no céu, que tem direitos sobre nós, porque pecamos, e que pretende exigir uma punição, privando-nos de uma felicidade à qual teríamos, sem isso, direito. Mesmo os que creem em um Deus de amor são capazes de cair no mesmo engano, de maneira mais sutil e indireta. Deus, sabem eles, é um Deus de amor. Quer nossa felicidade. Mas (e aqui se introduz o engano) argumentam que, por desejar nossa felicidade, não pode Ele querer, afinal, que nos renunciemos. Como estão vendo, também eles pensam que nossa felicidade consiste na afirmação da "carne", nas satisfações egocêntricas. Também eles, inconscientemente talvez, tendem a basear muitas de suas decisões práticas naquilo que São Paulo denomina "a prudência da carne".

Das poucas linhas da Escritura que citamos e do texto em que se encaixam é fácil ver que, longe de nos tornar infelizes, a abnegação cristã deve auxiliar-nos a encontrar a perfeita felicidade, levando-nos com rapidez à realização de nosso destino sobrenatural. Os princípios sobre os quais São João da Cruz baseia sua doutrina, na *Subida do Monte Carmelo*, são, sem dúvida, alimento sólido. Contudo, esses princípios permanecem nítidos e verdadeiros. Quando o carmelita espanhol diz: "Para chegar a gozar de todas as coisas, deseja de nada gozar", ele nos ensina o caminho mais rápido para a felicidade. A segunda parte de sua sentença é declarada com tanta rudeza que pode, talvez, traumatizar-nos a ponto de esquecermos a primeira parte. No entanto, é verdade que as paixões e os desejos da natureza humana decaída, por causa de sua tendência a cegar, enfraquecer e extenuar a alma, nos impedem constantemente de preencher nossas mais altas capacidades e, assim, frustram a necessidade de felicidade implantada em todos nós. Tem sido o constante e ininterrupto ensinamento dos Padres e Doutores da Igreja, desde os primeiros dias do cristianismo, que uma vida sem ascetismo é uma vida de ilusão, irrealidade e infelicidade.

Contudo, embora possa ser bem verdade que a autêntica felicidade da pessoa humana só seja atingida quando o eu irrompe de seus estreitos limites e se liberta da fixação em sua própria satisfação e autoafirmação, não é essa a razão da abnegação cristã. Pode haver um autêntico eudaimonismo cristão, ou seja, filosofia da felicidade, e certamente existe o humanismo cristão. Um apelo apologético a esses valores pode ser legítimo e pode talvez auxiliar a defender a Igreja contra a acusação de permanecer atrelada ao medievalismo (como se não tivesse havido felicidade na Idade Média!). Porém, mesmo se a abnegação não proporcionasse certa satisfação e um desenvolvimento de nossas capacidades humanas, seria ainda necessária, pois, sem ela, a vida cristã não pode estar plenamente centrada na obediência que devemos a Deus, não só como nosso Criador mas também como nosso Redentor.

O chamado a "fazer penitência" não se baseia no fato de que a penitência nos manterá em forma, e sim no fato de que "o Reino dos Céus está próximo". Nossa penitência – metanoia – é nossa resposta à proclamação da mensagem do Evangelho, o *kerygma* que anuncia nossa salvação, se ouvirmos a voz de Deus e não endurecermos nossos corações. A função da penitência e da abnegação é, portanto, fazer brotar a *contrição* ou "quebrar" a dureza de coração que nos impede de compreender o mandamento de Deus de *amar* e de obedecer eficazmente a esse mandamento.

Para conseguir isso, temos de reprimir e controlar todos os impulsos daquela outra "lei em nossos membros" que, na prática, fato desagradável, entram em conflito com a lei do amor e da graça. "A sabedoria da carne é inimiga de Deus; pois não está sujeita à lei de Deus, nem o pode estar" (Rm 8,7).

Todavia, ninguém pode abraçar realmente o ascetismo cristão, programado no Novo Testamento, se não possui alguma ideia da função positiva, construtiva da abnegação. O Espírito Santo jamais nos pede renunciar a algo sem oferecer-nos, em troca, algo de muito mais elevado e mais perfeito. A autopunição por amor ao castigo não faz parte do Cristianismo. A finalidade da abnegação é levar-nos a um aumento de energia e de vida espirituais. O cristão não morre simplesmente para morrer, mas sim para viver. E quando toma a sua cruz para seguir a Cristo, o cristão compreende, ou pelo menos acredita, que não vai morrer a nada senão à morte. A Cruz é o sinal da vitória de Cristo sobre a morte. A Cruz é sinal de vida. É treliça sobre a qual cresce a Vinha Mística cuja vida é alegria infinita e cujos ramos somos nós. Se queremos partilhar a vida desta Vinha, temos de crescer na mesma treliça e sofrer a mesma poda. Mesmo brotos sadios de vida e energia naturais, ramos frutíferos de nossa humanidade terão de ser cortados. Não teremos de renunciar somente ao mal que está em nós. É-nos pedido mesmo abrir mão de muitas coisas boas, mas unicamente para recebermos algo de melhor. "Eu sou a verdadeira vide e meu Pai é o agricultor... todo ramo que der fruto será podado *para que dê mais frutos*" (Jo 15,1-2). Não seria razoável que o agricultor investisse contra a sua vinha podando-a por ter contra ela um sentimento de rancor e querendo privá-la do que lhe é devido.

Não há melhor ou mais completa fonte de teologia ascética do que a liturgia. Inteiramente à parte do ensino contido nos salmos e nos textos bíblicos que são a Palavra de Deus, a Igreja oferece-nos, nas suas coletas e outras orações, uma teologia exaustiva e monumental da abnegação e de um modo de viver sobrenatural. *Viver* a missa que todos nós oferecemos por uma participação ativa e inteligente é a expressão normal da metanoia cristã.

O ascetismo cristão é notável sobretudo por seu equilíbrio e senso de proporção, não acentua excessivamente o lado negativo da vida ascética. Não tende a lisonjear o *ego*, diminuindo-lhe as responsabilidades, diluindo a verdade. Mostra-nos, nitidamente, que, enquanto nada podemos sem a graça, devemos, contudo, com ela cooperar. Adverte-nos que devemos romper, sem compromissos, com o mundo e tudo que ele representa, mas nos encoraja continuamente à compreensão de que nossa existência, "no mundo" e no tempo, se torna frutuosa e cheia de sentido na proporção em que somos capazes de assumir a responsabilidade espiritual e cristã de nossa vida, de nosso trabalho e, mesmo, do mundo em que vivemos. Assim, o ascetismo cristão não nos proporciona uma fuga do mundo, um refúgio contra a tensão e a distração provenientes das múltiplas formas do mal. Torna-nos capazes de penetrar na confusão do mundo como portadores de alguma parcela da luz da verdade, em nossos corações, e habilita-nos a viver algo do misterioso e transformador poder da Cruz, do amor e do sacrifício.

Mas, nesse caso, a abnegação deve significar algo mais do que o triunfo de nosso ser bom sobre o nosso ser mau, da razão sobre os impulsos ou, ainda mais ingenuamente, da "alma" sobre o "corpo". Em realidade, não se trata de resolver um conflito entre duas forças existentes em nós, mas de submeter todo o nosso ser a Deus na "obediência da fé". Isso significa muito mais do que simplesmente fazer o bem e evitar o mal. Significa muito mais do que simplesmente conseguir uma paz interior e, sem dúvida alguma, muito mais do que tornar-se apenas inteiramente respeitável e piedoso. Significa penetrar no mistério Pascal da Morte e Ressurreição de Cristo, pela conversão total para ele, pela Cruz e vida nova.

A liturgia é uma participação ritual na Morte de Cristo (pela qual todos os nossos pecados são expiados) e em sua gloriosa Ressurreição (pela qual sua vida divina se torna nossa) e em sua ascensão (pela qual penetramos com Ele no céu e nos assentamos à direita do Pai). Nós, que oferecemos o Santo Sacrifício e recebemos em nossos corações o Corpo e o Sangue do Salvador, estamos construindo o Reino do céu na terra e na história. É ainda um céu possuído apenas na escuridão da fé e da esperança. Contudo, o amor pelo qual Jesus nos une a si dá-nos uma certeza suave e experimental da união de nossas vidas com a dele e de uns com os outros nele. Já somos cidadãos daquela Jerusalém que não precisa do sol e da lua, porque Cristo já é sua luz. Aqui, por exemplo, está o que nos diz uma pós-comunhão escolhida a esmo no Missal, a respeito da vida divina que já levamos na terra.

A Igreja se dirige à Santíssima Trindade nestas palavras, depois do povo de Deus ter recebido o Corpo e o Sangue do Salvador ressuscitado: "Fazei, Senhor, que nossas almas e nossos corpos sejam inteiramente submetidos à influência deste Dom celestial, de maneira que em nós sempre predominem os efeitos deste sacramento, e não o nosso próprio sentir" (15º Domingo depois de Pentecostes).

Podemos aqui notar, primeiramente, que a Igreja reconhece com nitidez qual a sua tarefa. Deus colocou em suas mãos instrumentos divinos para nossa conversão e santificação – os sacramentos. De fato, é Ele próprio que, através da Igreja, opera em nossas vidas por meio dos sacramentos. Que faz Ele em nossa vida? Gradualmente, toma tudo que temos e tudo que somos, de maneira a tomar posse inteiramente de nossas almas, de nossos corpos e de todas as nossas faculdades, elevando-os acima do plano natural e transformando-os em sua vontade. Em outras palavras, Ele substitui nossa vida pela sua, nossos pensamentos pelos dele, nossa vontade pela sua. Esse processo de transformação leva ao fim para o qual fomos criados – a união perfeita com Deus. Só quando estamos perfeitamente unidos a Ele é que nos tornamos de fato nós mesmos. Só nele podemos, afinal, apreciar o verdadeiro valor de sua criação. Se Ele parece privar-nos de bens naturais, nós os encontraremos centuplicados, em retorno, nele.

Frequentemente, no curso do ano litúrgico, a Igreja se queixa, em nosso nome, de estarmos oprimidos sob o peso de nossa atividade humana. Isso parece estranho! Estarmos livres para fazer as coisas a nosso modo pareceria, à primeira vista, estarmos gozando da "liberdade dos filhos de Deus". Mas não. Ao penetrarmos na vida ascética e adiantarmo-nos nos caminhos da abnegação, deparamos ser este velho homem, este corpo de morte, este *eu* inevitável o maior obstáculo e a mais pesada carga que trazemos conosco. Ele não é, de modo algum, o nosso verdadeiro *eu*. É a caricatura daquilo que deveríamos ser. Mas ele nos domina sem piedade e, sem o auxílio onipotente de Deus, jamais poderemos dele nos livrar. E é ele que nos faz agir segundo a "prudência da carne". É o pai de todo o nosso espírito mundano. É quem impede nossa libertação do "mundo" e nossa transformação em Cristo. É quem torna nossa vida e nosso trabalho no mundo uma asserção estéril e trivial de nossa própria inanidade.

E, assim, devemos nos lembrar de que nosso ascetismo não está dirigido contra as coisas criadas como tais. Nosso verdadeiro inimigo se encontra dentro de nossa própria cidadela. É somente porque esse inimigo se cerca de imagens e sensações e se deleita nas coisas criadas, fortificando-se deste modo contra todos os esforços da graça para deslocá-lo, que devemos necessariamente controlar nosso amor natural pelas coisas boas de maneira a combatê-lo. Quando a Igreja ora, rogando a Deus nos dê a graça de desprezar as coisas terrenas e desejar as eternas, não quer ela insinuar que a criação seja má. Quer significar como um amor egocêntrico das coisas boas da vida é uma fonte de escuridão e de mal no mundo.

Como considera a liturgia as coisas criadas? Todos sabem como a Igreja, consciente de que todas as coisas partilharam da queda de Adão, pretende elevar toda a Criação, juntamente com o homem, no Novo Adão, Cristo. Em Cristo é que todas as coisas foram feitas desde o início. "Porque nele foram criadas todas as coisas, no céu e na terra... tudo foi criado por Ele e para Ele. Ele existe antes de todas as coisas e tudo nele subsiste" (Cl 1,16-17). Para libertar a Criação do poder do mal, basta à Igreja associar as coisas criadas à adoração prestada pelo homem ao Criador. Assim, retomam sua função primitiva, a finalidade para a qual foram criadas: elevar o homem – corpo e alma – a Deus. "Realmente, tudo o que Deus criou é bom e não se deve rejeitar nenhum alimento desde que tomado com ação de graças" (1Tm 4,4). Basta considerar na liturgia da Vigília Pascal o *Exsultet* (em que as abelhas recebem louvor) e a bênção da pia batismal (em que a Igreja se mostra positivamente entusiasmada em relação à água, denominando-a "uma criatura santa e inocente"). Tudo isso nos diz o respeito em que é tida pela Igreja toda a criação de Deus. Contudo, é certo que ela não se mostra respeitosa do "mundo" ou da "carne" e, menos ainda, do diabo. Essas três forças produzem atitudes mentais, maneiras de considerar as coisas e realizá-las que devem ser extirpadas pela raiz de toda vida cristã. A abnegação é, portanto, orientada para esse processo de extirpação e liberação. Há dois extremos a evitar. De um lado, há o engano dos que acreditam ser má a criação e, consequentemente, procuram a salvação e a santidade num ascetismo exagerado que tenta afastar a alma inteiramente de todas as coisas criadas. Essa é a enfermidade espiritual chamada "angelismo". Por outro lado, há o erro dos que agem como se a caridade divina não tivesse exigências práticas a respeito do comportamento humano: como se a graça fosse apenas uma qualidade injetada em nossa vida natural, tornando-a, automaticamente, agradável e meritória aos olhos de Deus, sem nenhuma obrigação de nossa parte de viver no plano sobrenatural da fé e da virtude cristã. Essa atitude, por vezes, usurpa o nome de "humanismo". Referindo-se aos que afagam esse ponto de vista, o cisterciense do século XII Santo Elredo de Rievaulx escreveu sardonicamente: "Embora não digam 'comamos, bebamos e alegremo-nos, pois amanhã morreremos!', dizem comamos, bebamos e alegremo-nos, pois estamos cheios de caridade!".

A verdadeira santidade não consiste em nos esforçarmos por viver sem as criaturas. Consiste em usar as coisas deste mundo de maneira a realizar a vontade de Deus. Consiste em usar a criação de Deus de tal modo que tudo que tocamos, vemos, usamos e amamos dê nova glória a Deus. Ser santo significa passar pelo mundo colhendo frutos para o céu, de cada árvore, e recolhendo a glória de Deus em cada campo. O santo é aquele que está em contato com Deus de toda maneira possível e em toda direção possível. Está unido com Deus nas profundezas de seu próprio ser. Vê e toca a Deus em tudo e em todos que o cercam. Em todo lugar aonde vai, o mundo soa e ressoa (embora silenciosamente) com as profundas e puras harmonias da glória de Deus.

No entanto, Deus não pode ser glorificado por nada que viole a ordem estabelecida por sua sabedoria. Essa ordem exige que o corpo do homem, e tudo que o corpo utiliza, esteja sujeito à alma, e que a alma do homem esteja sujeita a Deus. Ora, essa ordem é absolutamente impossível, em nosso atual estado, sem a prática generosa, e mesmo severa, da mortificação. Essa ordem foi completamente invertida pelo pecado. O homem que está fora da órbita da graça de Deus não costuma ser governado pela razão, mas pela paixão. A simples posse da graça não nos liberta por inteiro desse estado. Apenas coloca em nossas mãos as armas com que devemos conquistar nossa liberdade, auxiliados pelo poder de Deus, pelos méritos de Cristo na Cruz, em seu Espírito Santo. Contudo, o poder do Calvário não pode atuar numa vida que não penetra, em certa medida, no mistério da Paixão de Cristo, sua Morte e Ressurreição. "Se alguém quer ser meu discípulo, renuncie a si mesmo, tome a sua cruz e siga-me" (Mt 16,24). "Os que são de Cristo crucificaram a carne com seus vícios e concupiscências" (Gl 5,24).

Não podemos usar as coisas criadas para a glória de Deus se não temos controle sobre nós mesmos. Não podemos ter controle sobre nós mesmos se estamos sujeitos ao poder dos desejos, dos apetites e das paixões da carne. Não nos podemos entregar a Deus se não pertencemos a nós mesmos. E não pertencemos a nós mesmos se pertencemos ao nosso *ego*.

A verdadeira finalidade do ascetismo cristão, portanto, não é libertar a alma dos desejos e das necessidades do corpo, e sim colocar o homem todo numa completa submissão à vontade de Deus expressa nas exigências concretas da vida em toda a sua realidade existencial.

Uma espiritualidade que apenas encerre o homem no isolamento de sua própria vontade e de seu próprio *ego*, fora do alcance de todas as exigências da carne, da história e do tempo, seria não só vã, mas também serviria, talvez, para confirmá-lo no mal daquela autonomia espúria que é surda ao apelo da salvação e da obediência proclamado no *kerygma* do Evangelho.

A abnegação é inútil se não abre os ouvidos do coração para obedecer à vontade de Deus, que nos ordena tomarmos nosso lugar no tempo, na história e na obra de construir seu Reino de amor e de verdade. O ascetismo que não atinge a isso pode, em realidade, fortalecer nossa oposição e resistência a Deus, levando-nos a nos concentrar sobre nossa própria autonomia e perfeição moral, e não na obrigação concreta de amar a Deus e a nosso semelhante.

São Gregório Nazianzeno fala do cristão como de um "instrumento musical tocado pelo Espírito Santo". O alvo do ascetismo é manter esse instrumento afinado. A mortificação não é simples controle progressivo do instinto pelo amortecer dos apetites do coração. Essa visão é por demais primária. É um pouco como se retesássemos as cordas de um violão. Nesse caso, não vamos torcendo até que se rompam. Isso não seria santidade, mas insanidade. Não. O que devemos fazer é levar as cordas desse delicado instrumento – que é todo o nosso ser – à nota exata que o Espírito Santo deseja para nós, de maneira que possa Ele produzir em nós a inefável melodia do amor divino, amor ao qual fomos criados para cantar diante da face de nosso Pai celestial.

O falso ascetismo não se harmoniza com o Espírito Santo, por ser uma perversão da graça. É também uma perversão da natureza. Frustra a obra de Deus e diminui todas as nossas capacidades naturais e sobrenaturais para o bem. O falso asceta é, geralmente, aquele que acaba por ter uma espiritualidade dividida. Metade da sua personalidade se arma contra a outra metade e procura destruí-la. Mas isso não consegue. Que acontece, então? A metade supressa desse infeliz ser retira-se "para as profundezas da alma" e, lá, as tendências naturais sadias se tornam disposições malsãs e viciosas. É por isso que aqueles que praticam a abnegação de maneira primária e inumana são frequentemente orgulhosos, irritáveis e grosseiros. Por isso é que pessoas que poderiam ter sido santas se tornaram fanáticas, perseguiram os santos e lançaram-nos às fogueiras.

A abnegação pode, seguramente, dar paz à alma perturbada por todos os cuidados e aborrecimentos, todas as preocupações e tristezas, toda a inquietação decorrente do apego às coisas criadas. O ascetismo arranca toda planta da qual nascem os frutos da ansiedade. O asceta, portanto, deve ser um homem tranquilo e feliz. Deve ser uma alma simples e límpida, como um lago de águas cristalinas no qual penetra sem obstáculo a luz solar da presença de Deus, tudo iluminando e irradiando. Essa tranquilidade, porém, depende da virtude da discrição. Deus exige que todos os cristãos se renunciem; não pede, todavia, a mesma espécie de renúncia a uma dona de casa, mãe de dez filhos, e a um monge cisterciense – ou vice-versa! E, tudo somado, poderia acontecer haver mais abnegação e mortificação na mãe de família do que no monge. Contudo, não se espera dela a mesma forma de penitência. A abnegação dela terá como medida os deveres de estado como esposa e mãe.

Entretanto, não devemos imaginar que o caminho da abnegação é sempre cheio de tranquilidade e paz ininterrupta. Não resolve todas as dúvidas nem nos liberta de toda preocupação, como se fosse receita mágica. A abnegação nos sintoniza com o Espírito de Deus, e o Espírito nem sempre canta uma melodia que se harmoniza com nossa natureza. Pode haver terríveis discordâncias em lugar de harmonias tranquilas. A abnegação põe ordem em nossa vida, por vezes sob forma de aparente desordem, e pode suceder termos de procurar a paz do melhor jeito que pudermos, em plena confusão. O que importa não é a tranquilidade de nosso coração, mas a sinceridade de nossa fé e a nossa obediência total a Deus. Antes, porém, de podermos oferecer-lhe nossa obediência, temos de reconhecer quão profundamente somos inclinados a desobedecer-lhe e como nos é realmente difícil abraçar o caminho da obediência à graça, que significa abandonar a segurança do nosso *ego* e de nossa natureza.

Por isso é que o desejo de obras ascéticas que pacificam nosso espírito e nos proporcionam uma sensação de estarmos realizados pode, em verdade, ser uma fuga da verdadeira e radical abnegação requerida para nós por Deus.

Seja qual for a forma ou a medida de abnegação que o Senhor nos pedir (e isso é algo que não pode ser resolvido sem oração e orientação espiritual), todo ascetismo cristão se caracteriza pelo fato de ser inteiro e equilibrado. Cristo não admite divisão. Quem não está com Jesus está contra Ele. Não há associação possível entre luz e trevas, entre o templo de Deus e os ídolos. Deus nos pede que lhe demos tudo. Mas já dissemos o que isso significa: usar das criaturas somente para Deus. Consequentemente, nosso ascetismo deve ser sempre equilibrado. O verdadeiro asceta não é aquele que nunca relaxa a tensão, mas aquele que o faz no momento devido e na medida adequada. É aquele que ordena toda a sua vida sob a direção do Espírito Santo. Assim, trabalha quando Deus o quer, repousa quando essa é a vontade de Deus e, em tudo isso, ora constantemente com o olhar simples e amoroso que mantém seu coração e sua mente unidos ao Espírito que nele habita.

A Cruz é, para o verdadeiro asceta, fonte de fortaleza e paz. "Estou pregado na Cruz com Cristo", diz Santo Tomás de Aquino, parafraseando São Paulo e comentando-o, "porque estou pregado na Cruz com Cristo, tenho o poder de fazer o bem". Sem a Cruz, há pouca vitalidade espiritual em nossos labores para Deus e sua Igreja.

No mundo, em que existe tanto sofrimento involuntário, não é para estranhar o fato de haver tantos homens e mulheres que comecem a descobrir em si um desejo, totalmente desconhecido até então, de assumir mortificações e penitências para as quais não há nenhuma obrigação. Onde quer que o Espírito de Deus atue, atrai os homens para longe da "prudência da carne". Prazeres e realizações, que outrora os encantavam, agora tornam-se como cinzas, logo que provados. E, para esses cristãos, a ausência de coisas boas, que a maioria dos homens consideram quase indispensáveis, torna-se um prazer.

Estão ao mesmo tempo profundamente conscientes da insuficiência radical das "práticas ascéticas" escolhidas arbitrariamente e de "métodos" que se destinam meramente a resolver conflitos morais no íntimo do ser e a estabelecer o *ego* na paz e no equilíbrio. A verdadeira abnegação do cristão não é uma autoconquista que ele consegue à força, mas é morrer ao eu egoísta, a fim de viver para Deus em Cristo. Esse é o grande problema que preocupava São Paulo – o da procura da salvação por meio das obras da lei, e não pela graça. Nossa salvação não se encontra só no ascetismo, mas na Cruz de Cristo. A abnegação, por mais rigorosa que seja, é falha de qualquer sentido cristão se for separada da Cruz e da Ressurreição de Cristo.

Eis por que a Quaresma é um tempo de mortificação e renúncia: não apenas porque os cristãos descobriram que um pouquinho de jejum na primavera lhes faz bem à saúde, e sim porque seus jejuns, suas renúncias e suas esmolas tinham papel essencial a desempenhar como sinais de participação plena no mistério Pascal.

A Igreja mitigou as leis gerais do jejum na Quaresma. Isso não significa, porém, que a Quaresma cessasse de ser um tempo de jejum e abnegação. Depende do cristão individualmente, na sinceridade de sua própria consciência diante de Deus, empreender tais atos de abnegação e de caridade que signifiquem em verdade sua vontade de morrer a si mesmo para viver no Espírito de Cristo ressuscitado.

[1950]

Páscoa: a vida nova

A Páscoa não será bem compreendida caso pensemos nela apenas como um tempo em que reafirmamos nossa fé na Ressurreição de Cristo dentre os mortos. O fato histórico de que a Ressurreição é a chave de toda a estrutura da fé cristã não é ainda razão suficiente para que a Páscoa seja a grande festa que é.

A Páscoa não é um dia a ser comparado ao 4 de Julho*, conquanto seja, em realidade, a celebração de nossa liberdade cristã. No entanto, essa celebração não é meramente uma lembrança do ato pelo qual fomos libertados; ela reanima nossa própria liberdade na renovação do mistério no qual nos tornamos livres.

Em todo caso, o mistério da Páscoa não é celebrado apenas na Páscoa, mas todos os dias do ano, porque a missa é o mistério Pascal. O Tempo da Paixão, a Semana Santa, a Páscoa e os "cinquenta dias santificados" do ciclo pascal, culminando na celebração de Pentecostes, concorreram para desdobrar o mistério Pascal diante de nós no tempo, em todos os seus pormenores. Todavia, a plenitude da Sexta-feira Santa, Páscoa e Pentecostes também se condensa no ritmo da missa cotidiana. Pois to-

---

* No Brasil, diríamos 7 de Setembro [N.T.].

das as vezes que participamos dos Sagrados Mistérios, a *Pascha Domini* (a Passagem do Senhor), morremos com Cristo, com Ele ressuscitamos e dele recebemos o Espírito da Promessa que nos transforma e nos une ao Pai, no Filho e através dele.

A Quaresma nos convoca a transformar nossos corações, a efetuar em nós a metanoia cristã.

Mas, ao mesmo tempo, a Quaresma nos lembra talvez com demasiada nitidez a nossa própria impotência em transformar as nossas vidas. A Quaresma, no ciclo litúrgico, desempenha o papel da lei, o pedagogo que nos convence de pecado e nos inflige a esmagadora evidência de nosso próprio nada. Assim, a Quaresma nos inquieta e nos dá seriedade, despertando talvez em nós algum senso daquele temor existencial da criatura cuja liberdade a mantém suspensa sobre o abismo que pode ser um "sem sentido" infinito e um desespero sem limites. Esse é o fruto daquela lei que julga nossa liberdade juntamente com a sua impotência de impor um sentido pleno a nossas vidas, apenas conformando-se a um código moral. Não haverá mais do que isso?

Agora, no entanto, com a Ressurreição de Cristo, o poder da Páscoa irrompeu sobre nós. Agora, encontramos em nós uma força que não é nossa e que nos é dada livremente sempre que dela necessitamos, elevando-nos acima da lei, dando-nos uma nova lei que se acha escondida em Cristo: a lei de seu amor misericordioso. Agora, não mais nos esforçamos por sermos bons porque somos obrigados a isso, porque é um dever, e sim porque é uma alegria agradar ao Senhor que nos deu todo o seu amor! Agora, nossa vida está repleta de sentido!

Páscoa é a hora de nossa libertação – libertação de quê? Precisamente da Quaresma e de sua lei rígida que acusa e julga nossa fraqueza. *Não estamos mais sob a lei.* Estamos libertados do julgamento severo!

Aqui está toda a grandeza e todo o inimaginável esplendor do mistério Pascal – aqui encontramos a "graça" da Páscoa que não conseguimos apreender porque temos medo de compreender-lhe todo o sentido. Para compreender a Páscoa e vivê-la, temos de renunciar ao nosso temor da novidade e da liberdade!

A morte exerce um duplo poder em nossas vidas: ela nos prende pelo pecado e nos prende pela lei. Para morrer à morte e viver vida nova em Cristo, temos de morrer não só ao pecado, *mas também à lei.*

Todo cristão sabe que deve morrer ao pecado. Mas a grande verdade que São Paulo se cansou de pregar a tempo e a contratempo é a verdade que nós, cristãos, mal apreendemos, uma verdade que nos escapou, que nos ilude constantemente e, assim, tem continuado há vinte séculos. Não nos conseguimos convencer do que significa não sermos mais escravos da lei. E a razão é que não temos a coragem de encarar a verdade que contém o desafio crucial de nossa fé cristã, a grande realidade que torna o cristianismo diferente de toda outra religião.

Em todas as outras religiões, os homens procuram a justificação, a salvação, a fuga "da roda que leva do nascimento à morte" por meio de atos rituais ou observâncias religiosas ou práticas ascéticas e contemplativas. São meios inventados pelos homens para conseguir a libertação e a justificação *deles próprios*. Todas as outras religiões impõem aos homens leis rígidas e complicadas, sujeitando-o mais ou menos inteiramente a formas exteriores prescritas, ou ao que São Paulo denomina "noções elementares".

Ora, o cristianismo é precisamente a libertação de todo sistema rígido e legal. São Paulo o assevera com força categórica. Diz que deixamos de ser cristãos no momento em que nossa religião se torna escravidão à "lei" em vez de ser adesão pessoal, por meio de uma fé amorosa, ao Cristo ressuscitado e vivo: "Vós, que procurais a justificação pela lei, vós rompestes com Cristo: decaístes da graça. Quanto a nós, é pelo espírito e mediante a fé que aguardamos seguramente o que a justificação nos faz esperar" (Gl 5,4-6). "Não tem valor algum a circuncisão, nem a incircuncisão. O que vale é a nova criatura" (Gl 6,15).

Assim, não tem o cristão outra lei senão Cristo. Sua "lei" é a vida nova que lhe foi conferida em Cristo. A lei do cristão não está escrita em livros, e sim nas profundezas de seu coração; não com a pena do homem, mas pelo dedo de Deus. O dever do cristão, agora, não é *obedecer*, e sim *viver*. Não lhe compete salvar-se, *está salvo* por Cristo. Deve viver para Deus em Cristo, não apenas como alguém que procura a salvação, mas como alguém que já *está salvo*.

Poder-se-ia quase dizer que essa verdade é o grande "escândalo" do cristianismo. É a pedra constantemente rejeitada pelos construtores. É o elemento em nossa fé que tememos e nos recusamos a enfrentar. Como fizeram os judeus quando Jesus os desafiava curando no sábado e dizendo ser Ele o "Senhor do sábado". Ouça São Paulo: "Foi para sermos livres que Cristo nos libertou" (Gl 5,1). "Deste modo, a lei foi nosso pedagogo, para nos conduzir a Cristo, a fim de sermos justificados pela fé" (Gl 3,24). "Agora que conhecestes a Deus... quereis de novo, como outrora, vos tornardes escravos" (Gl 4,9).

Traduzido em nossos termos: a Páscoa é o mistério de nossa redenção. Uma vez que morremos e ressuscitamos com Cristo, *não somos mais pecadores.* O pecado está morto em nós. A lei não tem mais poder sobre nós.

Contudo, não é isso tão simples quanto pareça. Nossa vida nova em Cristo não é algo que possuímos de maneira permanente e garantida, entregue à nossa direção, uma "propriedade" definitivamente nossa. Estamos ainda suspensos sobre o abismo e podemos ainda cair no terrível temor do homem alienado que perdeu a confiança. Permanece todavia o fato de que, *se consentimos nisso*, a graça e a confiança se renovam a cada momento em nossas vidas. Não são uma posse permanente, mas um dom sempre atual do amor de Deus. Para termos essa liberdade de continuar, devemos crer, realmente, no poder de Deus para nos santificar e manter-nos santos. *Temos de ousar ser santos pelo poder de Deus.* Temos de ousar ter um santo respeito, uma reverência por nossa pessoa, pois fomos remidos e somos santificados pelo sangue de Cristo. Devemos ter a coragem de apreender o grande poder que nos foi dado, e devemos estar ao mesmo tempo conscientes de que esse poder sempre se aperfeiçoa na fraqueza e não é uma "posse", uma "propriedade".

E nossa fraqueza? E a lei que existe em nossos membros, a lei do pecado e da morte?

Tudo isso aí está, ainda, mas não é preciso temê-lo. Não é necessário odiarmo-nos pelo fato de essas coisas ainda operarem por sua força em nós. Essa força tornou-se, pela vitória de Cristo, inoperante, contanto que permaneçamos firmes na fé, confiando no poder dele, com confiança profunda e tranquila. Assim, ousamos viver na aparente contradição de sermos ainda "pecadores", em nada imunes do temor e da perda de confiança – e, no entanto, maravilhosamente sustentados pela presença da graça de Cristo.

Essa confiança significa uma delicada e amorosa sujeição à direção do Espírito Santo. É uma atenção cuidadosa e reverente a toda indicação de sua vontade. Temos de ousar "alimentar-nos no pão ázimo da sinceridade e da verdade". Quer isso dizer que devemos ser inteiramente francos (na medida em que podemos ser francos) conosco, com o próximo e com Deus. Não precisamos mais esconder coisa alguma das nossas fraquezas passadas ou mesmo presentes, porque elas não são mais causa de vergonha. Não temos mais necessidade de nos desculpar e de nos justificar. Não precisamos mais do zelo amargo que procura reanimar nossa confiança em nossa própria virtude, procurando descobrir as falhas nas virtudes dos outros. Esse zelo é o velho fermento *dos que estão debaixo da lei.*

Não nos tornamos subitamente anjos. Fomos pecadores e podemos facilmente voltar a sê-lo. Ainda somos "pecadores", mas que não pecam (1Jo 3,9). Permanece o fato de que a mais perniciosa influência na vida do cristão é o espírito de escravidão à lei, que frustra a graça e a liberdade de Cristo em nossas almas e dispõe almas boas e santas a recaírem no pecado. Pois essa é precisamente a função da lei. "Sobreveio a lei para fazer abundar o delito, mas onde abundara o pecado, superabundou a graça" (Rm 5,20). A Lei sem Cristo é fonte de desespero, enquanto a Cruz de Cristo e sua vitória Pascal são nossa esperança – nossa única esperança – de libertação real e total do pecado.

Entretanto, para alguns cristãos, na prática, a Cruz se tornou sinal não da vitória de Cristo, mas da vitória da lei. Consideram a Cruz sinal do castigo imposto a todos os que violam a lei. Tal castigo não era devido a Cristo, argumentam, mas Ele o assumiu por causa da grande reverência devida ao pecado e para mostrar-nos que coisa terrível é infringir a lei.

Assim, numa estranha e inconsciente incompreensão da Cruz, agimos como se a Cruz fosse a maior e mais inevitável vingança da lei. É como se, para nós, o sangue de Cristo tivesse sido derramado não para nos libertar da lei, realizando-a com perfeição de uma vez por todas em si mesmo. É, antes, como se o sangue do Redentor tivesse sido derramado para saciar e fortalecer a lei para sempre, de maneira que jamais pudesse morrer, mas vivesse com a eterna sanção do Deus justo.

Ambas essas aberrações são terríveis em sua falsidade. Cristo morreu na Cruz cumprindo a lei e, assim, tornou-se, para todos aqueles que estão unidos a Ele por uma fé amorosa, o completo cumprimento da lei. "Com efeito, a lei do espírito, que é da vida em Jesus Cristo, te libertou da lei do pecado e da morte" (Rm 8,2).

No entanto, a lei permanece, potencialmente, juíza e adversária de cada um de nós, e retoma sua posse sobre nós logo que recomeçamos a viver "segundo a carne", quer o façamos pecando, quer apenas substituindo uma vida verdadeiramente eucarística em Cristo por uma vida de adoração "carnal" e formalística.

A sobrevivência tenaz da lei não é um acidente. Está na intenção de Deus que o combate de Cristo contra a lei continue na humanidade até o fim dos tempos. É necessário que esse combate continue, e Ele, de fato, continua em nossas próprias vidas. Por que será que alimentamos secretamente e com carinho uma espiritualidade baseada na lei, e não em Cristo? Por que recaímos no temor e deixamos de confiar? Pois é preciso mais coragem, mais energia viril e mais completo sacrifício de si mesmo para assumir a liberdade de Cristo do que para permanecer sob a escravidão da Lei.

Sempre nos será possível fugir desse problema, confundindo liberdade com licença, e dizer que, na prática, é impossível distinguir uma da outra. Assim, segundo essa cômoda teoria, se não nos agarrarmos à lei, cairemos na licença. Não existe para nós o "amai e fazei o que quiserdes!" de Santo Agostinho. Não podemos, é evidente, chamar Santo Agostinho de herege, mas, sem dúvida alguma, gostaríamos de condenar esse seu pronunciamento, e quase todos nós não hesitamos fazê-lo com toda a força de nosso farisaísmo indignado. Será isso por termos uma falsa noção da liberdade cristã? Lembremo-nos da doutrina de Santo Anselmo, de que "o poder de pecar" não é de fato um poder e nada tem a ver com a verdadeira natureza da liberdade. Aquele que é realmente livre abandonou o pecado, a ele renunciando, de modo que, pela graça de Deus, não se sente mais inclinado a escolher o que é mau.

Esquecemos comodamente o verdadeiro sentido do aforismo de Santo Agostinho. Alguém para quem o amor de Deus substituiu a "lei", e para quem o amor de Deus é a força que orienta a vida, nada quer de contrário ao amor de Deus. No momento em que, voluntariamente, abandona o caminho do amor, desviando-se para querer o que é contrário ao amor, perde a liberdade e cai, novamente, sob a tirania da lei.

E aí, é evidente, não pode mais "fazer o que quer". Tem de fazer o que a lei prescreve, ou então cai ainda mais baixo, sob a tirania mortífera do pecado. E o salário do pecado é a morte.

É, então, a liberdade de Cristo um escândalo? Sim, francamente é. Essa liberdade é demasiada para nós, porque não consideramos seriamente o mergulhar-nos numa vida de grandes riscos aparentes para que possamos ser sustentados pelo poder oculto de Deus e guiados por seu Espírito Santo.

Ora, de fato isso tem sido olhado com a maior desconfiança. Os riscos são muito reais. Não houve heresias que apelavam presunçosamente para a graça? Não tem havido grandes pecadores que combinavam um falso misticismo com uma licença desenfreada, sob pretexto de que podiam amar e fazer o que lhes aprouvesse?

Sim. Se pensarmos, porém, que tudo isso é motivo para abandonarmos a liberdade dos filhos de Deus e nos colocarmos novamente sob a Lei, *esvaziamos o mistério Pascal das mais sérias implicações nele contidas para a nossa vida cristã.*

Não vamos, portanto, cometer o engano de pensar que a perfeição cristã significa ligarmo-nos de maneira cada vez mais apertada numa rede de prescrições cada vez mais severas e minuciosas. Os grandes sacrifícios dos santos, suas mortificações e penitências, tantas vezes mal compreendidos e desorientadores, não foram ditados pela lei, mas pelo "espírito de vida no Cristo Jesus que os libertara da lei da morte". Sua grandeza cristã consiste precisamente no fato de que eram atos livres, espontâneos, ultrapassando qualquer exigência da lei.

Por isso é que aquilo que é bom para um santo não o é para o outro. Aquilo que, para um deles, é manifestação de liberdade, para o outro pode ser sinal de escravidão. Os que se consagram a Deus no estado de perfeição devem evitar toda imitação servil dos outros nas obras que são apenas de conselho e que devem brotar como um dom espontâneo. Aquilo que outros praticam não deve tornar-se para nós uma espécie de lei à qual estaríamos amarrados, com a obrigação de observá-la com temor. Esse é o segredo do naufrágio de muitas vocações.

Foi a compreensão dessa verdade que inspirou, talvez, a alguns santos como Francisco de Assis ou Filipe Neri, atos de "santa loucura" que nos lembram os *yurodivetsvo*, a "loucura por Cristo", encontrada com frequência na espiritualidade da Igreja russa.

Os que observam os mandamentos de Deus num espírito de servidão, tornando-se, assim, "escravos da lei", muitas vezes se esforçam inconscientemente por utilizar a lei como capa para encobrir o mal que neles sentem. Procuram observar a lei de modo que o mal que praticam não lhes possa ser imputado. Assim, esforçam-se sutilmente por virar a lei pelo avesso de maneira que se transforme em defensora, e não em acusadora.

Todavia, não podem realizá-lo sem remexer na letra, esticando e distorcendo seu sentido, para fazê-la cobrir seus casos particulares. Não compreendem que essa manipulação da letra transforma a lei num instrumento altamente mortífero. São sobretudo os legalistas que "matam a lei" no instante mesmo em que acreditam estarem salvos por ela. Mesmo quando somos muito sinceros em nossa sujeição à lei, ela permanece sempre uma tirania que Cristo não quis para nós, tendo até morrido para dela nos libertar. Voltemos, mais uma vez, a São Paulo, tentando apreender o verdadeiro sentido de nossa liberdade cristã.

O que há de mais importante e que mais nos impressiona quando lemos objetivamente as epístolas paulinas é que a maioria das coisas que preocupam a cristãos piedosos são coisas sem consequência:

> Ninguém, portanto, vos condene por causa de alguma comida ou bebida, ou por causa de festas, luas novas e sábados. Tais coisas são a sombra das que deviam vir. A realidade é Cristo. Se com Cristo morrestes para os elementos do mundo, por que vos submeteis a prescrições como se vivêsseis no mundo? "Não pegues!" "Não proves!" "Não toques!" Todas essas coisas se corrompem pelo próprio uso. Tais proibições são preceitos e ensinamentos humanos (Cl 2,16-18;20-23).

Temos de encarar o fato de que o desafio de uma passagem como essa é demasiado para muitos cristãos piedosos. É quente demais para ser manipulado. Contudo, se estamos ressuscitados com Cristo, se não somos "inimigos da Cruz de Cristo" e se cremos na vitória de Cristo sobre a lei, temos de compreender obras como essas e pô-las em prática em nossa vida.

Qual é a dúvida? Mais uma vez é esta. Encaramos a lei como se fosse *a única alternativa possível em relação ao pecado.* Existe a carne, e existe a lei. Ou observamos a lei, ou a carne nos arrasta. Ou uma, ou outra. É melhor observar a lei. A escravidão para com a lei é menos degradante, menos humilhante; de fato, quase parece revestir-nos de uma certa dignidade. Somos servos não apenas da lei, mas de Deus, o Legislador. Infelizmente, a

Cruz e a Ressurreição de Cristo aí estão para tornar essa evasão indesculpável.

Se considerarmos cuidadosamente o famoso contraste estabelecido por São Paulo entre "a lei de Deus em sua mente" e "a lei do pecado em seu corpo", veremos que há, nisso, um pouco mais do que essas duas coisas.

É verdade que São Paulo declara estar "encantado com a lei de Deus, segundo o homem interior", que com sua "mente serve à lei de Deus, mas com sua natureza inferior serve à lei que o alicia a pecar" (Rm 7,22;24-25). Geralmente, esse texto não é plenamente interpretado. Com frequência, por exemplo, nós o tomamos no sentido de que nada mais há, para nós, a fazer do que aceitar esse inevitável conflito: tentar observar a lei de Deus apesar da inclinação da concupiscência que nos arrasta para o pecado. Aceitar o conflito em espírito de resignação cristã é só o que nos é pedido como cristãos.

Não vemos, então, que isso nos faz pura e simplesmente prisioneiros da lei? Se é só isso, a vitória de Cristo não é completa em nossas vidas.

Há uma terceira possibilidade. É a graça de Deus em Cristo nosso Senhor, ou, para ser mais sucinto, é *o próprio Cristo em nós.* É nossa nova vida em Cristo. Por nossa vida de amor e de esperança em Cristo superamos o dilema e, assim, o resolvemos.

A solução cristã não é simplesmente continuar a lutar contra a tentação, de maneira a viver conforme a Lei. Isso não é novidade. É exatamente o que tinha de ser feito antes da vinda de Cristo. O cristão não está mais ligado pela lei da carne, e não está mais obrigado, num espírito de temor, a observar a lei de Deus, considerada um código formal a ele imposto de fora.

Pode ainda ser tentado pela carne. Ele resiste à tentação e é salvo não por várias práticas e estratagemas, mas pela força espiritual do próprio amor e da vida nova que está nele. Vive pelo "Espírito daquele que ressuscitou Cristo Jesus dentre os mortos", e, por Aquele Espírito, "faz morrer as obras do corpo" e, assim, vive (Rm 8,11-13).

Em outras palavras, não é a observância obrigatória que nos preserva do pecado, mas algo de muito maior: é o amor. E esse amor não é algo que desenvolvamos apenas com nossas próprias forças. É um dom sublime da misericórdia divina, e o fato de que vivemos na consciência dessa misericórdia e desse dom é a maior fonte de crescimento para o nosso amor e nossa santificação.

Esse dom, essa misericórdia, esse amor ilimitado de Deus por nós, foi derramado sobre nós como resultado da vitória de Cristo. Saborear esse amor é partilhar de sua vitória. Ter consciência de nossa liberdade, exultar em nossa liberação da morte, do pecado, da lei, é cantar o *aleluia* que glorifica realmente a Deus neste mundo e no mundo que há de vir.

Essa alegria em Deus, essa liberdade que nos eleva, na fé e na esperança, acima da amarga luta que é o quinhão do homem preso entre a carne e a lei, é o cântico novo no qual nos unimos aos anjos bem-aventurados e aos santos, no louvor de Deus.

> Mas Deus, que é rico em misericórdia, movido pelo grande amor com que nos amou, nos fez reviver com Cristo, quando estávamos mortos por causa de nossos pecados. É por graça que fostes salvos! Com Ele nos ressuscitou e com Ele nos fez assentar no céu, unidos a Cristo Jesus... Foi pela graça que fostes salvos mediante a fé... É um dom de Deus. Não é pelas obras, para que ninguém possa gloriar-se (Ef 2,4-9).

Portanto, não obscureçamos a alegria da vitória de Cristo, permanecendo no cativeiro e nas trevas. Proclamemos, porém, seu poder, vivendo como homens livres chamados por Ele das trevas à sua luz admirável.

[1959]

Homilia sobre a luz e a Virgem Maria

Ninguém acende a lâmpada e a
põe debaixo do alqueire
(Mt 5,15).

Deus, nosso Pai e Criador, que é puro ser, verdade pura, luz pura, no qual não há trevas, quis acender a luz da sua verdade fora de si mesmo, e criou então o universo.

A primeira das suas criaturas materiais foi a luz, o mais puro e belo de todos os seres visíveis, do qual procede a beleza e visibilidade das demais criaturas. A luz era a imagem material da verdade e beleza divinas. A obra de Deus, no entanto, achava-se ainda no início. Não aparecera ainda a pura luz do próprio Deus a resplender misteriosamente no ser criado: este era, por assim dizer, apenas uma sombra da luz de Deus.

Desejoso de fazer brilhar a lâmpada da sua própria verdade, Deus formou o conjunto da criação material como um candelabro para a verdadeira luz. Devemos, em verdade, lembrar-nos de que a matéria não se compara a um alqueire sob o qual se esconde a luz de Deus. Se a matéria é escuridão quando não iluminada pela luz, nem por isso ela é em si mesma um princípio de trevas. Ela é capacitada a receber em si mesma luz e verdade, e pode auxiliar a manifestação destas. Matéria significa escuridão tão somente para aqueles que não buscam outra luz além da própria matéria. Para eles, sim, a matéria se reduz a uma fonte de trevas e de erro. Pois bem: Deus criou o candelabro, ou seja, o universo, por uma ordem para que existisse. Mas à lâmpada, ao homem, deu-lhe forma com a delicadeza e o carinho de suas próprias mãos.

E, ao formar a lâmpada, soprou dentro dela e iluminou-a com a luz da própria verdade e graça divinas. Criado, pois, à imagem e semelhança de Deus, o homem cintilava com a poderosa luz divina, entrando na existência com essa luz no mais íntimo do seu ser.

Mas, mal se viu erguida sobre o candelabro, a lâmpada, por ato de uma escolha totalmente errada, apagou a sua luz e recusou deixar-se reacender.

Houve então densa escuridão, ainda que o Sol e os astros continuassem a brilhar no firmamento, onde os colocara o Senhor.

Em meio a essas trevas, Deus prosseguiu pacientemente a preparação da verdadeira luz: mas agora havia no candelabro algo a ser consertado.

As luzes que o Senhor acendeu na Antiga Lei eram preparativos para uma perfeita iluminação da lâmpada: luzes que foram acesas em adoração e justiça, onde quer que o homem encontrasse Deus, na liturgia ou nas obras de misericórdia, justiça e verdade.

De início, essas luzes eram misteriosas e muito passageiras, como o arco-íris da aliança com Noé. Ou eram terríficos e inescrutáveis sinais, como o braseiro e a tocha do pacto com Abraão:

> Aves de rapina avançaram sobre os cadáveres, mas Abrão as expulsou. Ao pôr do sol, Abrão caiu em sono profundo; e o terror o assaltou e envolveu-o densa escuridão. O Senhor disse a Abrão: "Sabe que teus descendentes habitarão como peregrinos uma terra que não é sua, e que nessa terra eles serão escravizados e oprimidos durante quatrocentos anos. Mas eu julgarei o povo sob o qual estiverem sujeitos, e sairão em seguida dessa terra com grandes riquezas. Quanto a ti, irás em paz juntar-te aos teus pais, e serás sepultado após ditosa velhice".
>
> Quando o sol se pôs, formou-se uma densa escuridão, e eis que um braseiro fumegante e uma tocha ardente passaram pelo meio das carnes divididas. Naquele dia o Senhor fez aliança com Abrão: "Eu darei – disse Ele – esta terra aos teus descendentes, desde a torrente do Egito até o Grande Rio Eufrates" (Gn 15,11-15; 17-18).

No Sinai, Javé fez arder toda a montanha com um fogo que rugia em meio à nuvem e trovões que aterrorizavam o povo:

> Diante dos trovões, das chamas, da voz da trombeta e do monte a fumegar, o povo tremia e conservava-se à distância. E rogaram a Moisés: "Fala-nos tu mesmo, e te ouviremos; mas não nos fale Deus, para que não morramos". Moisés respondeu-lhes: "Não temais; porque é para vos provar que Deus veio, e para que o seu temor, sempre presente aos vossos olhos, vos preserve de pecar". E o povo conservou-se à distância, enquanto Moisés se aproximava da nuvem onde se encontrava Deus (Ex 20,18-21).

Viu-se assim que a luz que Deus queria acender no homem era terrível demais. Cada vez que o Senhor se aproximava da lâmpada para reacendê-la, esta se atemorizava, temendo ser destruída. Fugia dele e se refugiava nas trevas. O Espírito Santo revelou então um meio de adoração em que devia haver lâmpadas e luzes sagradas, que não infundiriam pavor, mas mansamente falariam da luz de Deus. As lâmpadas do tabernáculo deviam ser alimentadas o com óleo virgem, significando a pureza do coração que espera o esposo na calada da noite.

O Senhor disse a Moisés:

> Ordena aos israelitas que te tragam óleo puro de olivas esmagadas, para manter, continuamente, acesas as lâmpadas do candelabro. Aarão prepará-las-á fora do véu do testemunho, na Tenda de Reunião, a fim de que elas queimem, regularmente, da tarde à manhã diante do Senhor. Ele disporá as lâmpadas sobre o candelabro de ouro puro, para que elas queimem, continuamente, diante do Senhor (Lv 24,1-4).

Para as lâmpadas de óleo virgem, o inspirado artífice, o artista sagrado Besleel, fez um candelabro sem talvez saber que o Espírito estava nele, moldando novamente uma imagem do universo, a árvore cósmica do paraíso, na qual o homem, sob a forma de inocente lâmpada, voltaria a brilhar, cheio da luz de Deus, mas ainda apenas em figura.

É curioso que todo trabalho humano parece ter em si algo dessa inevitável obsessão – o desejo de criar um paraíso ao redor do homem, o desejo de retornar ao início ou de impelir para um remate ideal.

> O candelabro era feito de ouro puro batido, com seu pé e sua haste: seus cálices, seus botões e suas flores formavam um todo com ele. Seis braços saíam de seus lados, três de um lado e três de outro. Em um braço havia três cálices em forma de flor de amendoeira, com um botão e uma flor cada um, e assim por diante para os seis braços que saíam do candelabro (Ex 37,17-19).

Temos aí palavras de significado profundo: porque elas nos transmitem uma verdade sobre a relação do homem com o universo, e nos instruem quanto à importância do trabalho humano sobre a terra. Feito à imagem de Deus, o homem está colocado no paraíso do mundo, de um mundo que ainda é paraíso, mas que o homem perdeu porque o alienou de si mesmo e do Criador.

Neste mundo do qual se separou, pode o homem reencontrar a si mesmo e redescobrir sua verdadeira relação com o mundo e com Deus, através do trabalho que o Senhor lhe deu para executar. Seu culto a Deus, sua liturgia, deveria ser, em verdade, não apenas culto, mas uma teologia da vida, teologia do trabalho, a lançar no homem as sementes da compreensão e da sabedoria, frutos desse trabalho. Mas isso implica para o homem em purificação do titanismo, do egoísmo, das aspirações de autoafirmação e de poder. Deve, por conseguinte, ser libertado da obsessão do que ele não é, do passado e do futuro, do que ele deixou de ser ou ainda não chegou a ser, e basear-se no que ele é na realidade presente; pois só no presente pode o homem entrar em cheio em contato com a verdade que Deus para ele e nele desejou. Assim, a criação tornar-se-á uma vez mais o candelabro, e o homem a lâmpada a ser nele colocada, a fim de brilhar com a luz da verdade. Pois esta é a luz que Deus realmente deseja acender em nós. Quando, por nossa vontade, entramos em comunhão com os outros homens e com o cosmos, a luz da verdade é acesa em nós.

Diz o livro dos Provérbios: "O espírito do homem é uma lâmpada de Javé penetrando até às profundezas do seu ser" (Pr 20,27).

Quando o espírito de um homem santo é iluminado pela lei do Senhor, ele mesmo se torna luz para os seus semelhantes. Assim, os profetas eram lâmpadas com que Deus "procurava Jerusalém". Davi foi chamado de "lâmpada de Israel".

"Então os homens de Davi fizeram este juramento: 'Tu não virás mais conosco ao combate, para que não apagues a lâmpada de Israel'" (2Sm 21,17).

Logo no capítulo seguinte, Davi canta um hino de vitória, que se encontra também no salmo 17, e faz referência ao grande mistério das trevas e da luz.

Quando o Senhor quer manifestar-se na sua criação externa, Ele o faz em meio a uma nuvem, raios e tempestades:

> Ele inclinou os céus e desceu; tendo uma nuvem escura sob os pés. Montou sobre um querubim e voou, planando sobre as asas do vento. Cercou-se de trevas como duma tenda,

> de águas tenebrosas e de nuvens negras. Do esplendor que o cercava jorraram brasas de fogo. O Senhor trovejou dos céus: o Altíssimo fez ouvir a sua voz. Lançou suas flechas e dispersou os inimigos: lançou os raios e os consumiu. E apareceu o leito do mar, e desnudaram-se os fundamentos da terra, ante a ameaça do Senhor, ante o sopro do espírito da sua ira (2Sm 22,10-16).

Ao mesmo tempo, porém, enquanto a tempestade ruge lá fora no mundo, o homem que conhece e confia no Senhor, que adere à sua Lei, percebe dentro de si mesmo o Senhor, como uma lâmpada e uma luz para os seus passos:

> Pois tu, ó Senhor, és minha luz, e o Senhor ilumina as minhas trevas... Deus é minha fortaleza, Ele fez o meu caminho irrepreensível (2Sm 22,29;33).

Este texto é familiar na liturgia, pois a Igreja aplica-o a Maria.

A Igreja celebra em Maria o perfeito reacender daquela luz pura que havia sido extinta pelo pecado de Adão. Em Maria, a lâmpada foi mais uma vez perfeitamente purificada e erguida sobre o candelabro, para arder em luz pura e iluminar toda a casa de Deus; o sentido da vida foi assim renovado para todas as criaturas de Deus, e foi apontado aos homens o caminho do retorno à luz: não porque Maria estivesse cheia de uma luz qualquer de si mesma, mas porque ela, a Imaculada Mãe de Deus, estava cheia da luz e da graça de Cristo, seu Filho, através dos previstos méritos da Cruz.

Ela foi o primeiro fruto da redenção, perfeitamente santificada por esse sacrifício ainda antes que se consumasse, a fim de dar maior glória ao poder daquele sacrifício, e preparar um caminho para o Cordeiro de Deus, a Luz do mundo que estava para vir através do assentimento e obediência de Maria.

Que hino cantará, então, a Igreja a essa luz que arde perfeitamente na Lâmpada da Imaculada, no santuário de Deus e no seu templo, que é o cosmos?

Vejamos, neste Ofício, alguns dos numerosos textos sobre a luz; separemo-los em dois grupos: primeiro, aqueles que mostram como Maria encerra em si mesma, de maneira perfeita e sem sombra, a verdadeira luz de Deus; segundo, aqueles nos quais ela transmite essa luz a nós, levando-nos destarte a ver Deus em Cristo e através de Cristo, seu Filho.

Primeiro: os responsórios do II Noturno (Breviário Cisterciense) aplicam a Maria os textos sublimes dos Livros Sapienciais sobre a própria Sabedoria de Deus.

Uma vez que em Maria "não há mancha alguma", ela é "O esplendor da luz eterna e o espelho sem mácula". Ela é "mais bela que o sol", "mais pura que a própria luz, se comparada a esta".

Mas pode-se porventura dizer tais coisas de Maria? Não é ela apenas uma criatura, quando essas expressões são reservadas à própria Sabedoria incriada? Lembremo-nos, porém, de que a luz a fulgir em Maria, a luz que brilhou em Adão antes do pecado, e que Deus quer ver brilhar em cada homem, é precisamente a luz da própria

Sabedoria de Deus, o reflexo da sua própria verdade, a verdade divina, enfim. Pois é por suprema liberalidade de Deus e magnânimo presente de sua graça que o homem difunde a vida, a luz, a verdade e a beleza divinas, tornando-se assim filho de Deus em Cristo.

Ninguém jamais possuiu, de maneira mais perfeita que Maria, a luz de Deus, pois, pela perfeição da sua pureza e humildade, ela como que está perfeitamente identificada com a verdade, à maneira da vidraça que se eclipsa totalmente na luz que transmite.

O Ofício da Imaculada também descreve Maria como a mulher do Apocalipse "vestida do sol, com a lua a seus pés, e uma coroa de doze estrelas na cabeça".

Ela está, portanto, repleta da luz do Cristo transfigurado, conforme as palavras do Evangelho: suas vestes "eram brancas como a neve, e sua face brilhante como o sol".

Por isso, Maria é "toda bela", "a glória de Jerusalém e a alegria de Israel". De fato, a luz que brilha em Maria é a mesma luz que deve iluminar toda a Igreja e o cosmos restaurado em Cristo. No último responsório do Ofício, Maria é comparada à Jerusalém celeste; e no final das Matinas, cantamos: "O Senhor mostrou-nos a Jerusalém celeste, plena da luz de Deus, e sua luz brilha como cristal e gema preciosa".

Porque cheia da luz divina, Maria é luz para os nossos passos rumo a Deus. O hino das Matinas descreve-a como "a estreia, a amiga dos marinheiros", e roga-lhe "guiar-nos com sua luz" (*tuaque luce dirige*). Ela "dispersará as trevas do erro", e preservar-nos-á dos perigos na tormenta desta vida.

Não podemos, pois, duvidar de que nós, pecadores, precisamos da proteção e da luz que vem de Deus, e que Ele quer que recebamos por Maria. Sem a graça, não podemos reconhecer a verdadeira luz. Sem a graça, havemos de nos perder pelo caminho, apegando-nos ao falso brilho que o nosso pecado projeta no mundo. Pois, como nos diz o livro dos Provérbios: "A luz dos ímpios é o pecado" (Pr 21,4).

De fato, o mundo se deixa hipnotizar pelas luzes estranhas e terríveis, e pelas chamas que procedem da boca do Leviatã:

> Seu espirro faz jorrar a luz, seus olhos são como as pálpebras da aurora. De sua goela saem chamas, escapam centelhas ardentes. De suas ventas sai uma fumaça, como uma marmita que ferve entre as chamas. Seu hálito queima como brasa, a chama jorra de sua goela. Em seu pescoço reside a força, e o desespero corre diante de sua face. As barbelas de sua carne são aderentes, esticadas sobre Ele, inamovíveis. Seu coração é duro como pedra, sólido como a mó fixa de um moinho. Quando se levanta, tremem as ondas, as vagas do mar se retiram. Contra Ele nada pode a espada, a lança, a azagaia, e o dardo. O ferro para Ele é como palha, e o bronze como pau podre. A flecha não o afugenta, e as pedras da funda são como palhinhas para Ele (Jó 41,18-28).

Que sentido terão essas palavras? Parecem pintar a situação do mundo moderno no qual, segundo diz Maritain, o grande perigo para a sociedade reside no enfraquecimento do senso da verdade. A luz que jorra das faces do Leviatã não é a luz da verdade, mas o fogo do desejo cego que o homem sente pelo poder.

Porque o homem moderno perdeu a consciência da necessidade da verdade. Tudo quanto ele procura é o poder. A verdade se vê relegada à condição de escrava do poder. Só tem valor de conveniência. Quando não convém, é transformada e torcida, perdendo todo o seu valor. Os poderosos zombam dela, adaptando-a aos seus interesses e dela fazendo instrumento dos seus lucros.

É característico de todas as poderosas sociedades materialistas estarem elas menos interessadas na verdade do que na criação e propagação dos seus ídolos e slogans. Elas se especializam em clichês e fórmulas feitas, destinadas a tirar ao pensamento reflexivo toda a sua importância. Pois não convém aos homens do poder que as suas vítimas possam refletir. O que importa é a ganância. Onde o poder domina, a verdade é feita para servir à ganância. Esta não obedece à verdade, mas fabrica a sua própria verdade, conformada à política e à conveniência, com o que os poderosos impingem às suas vítimas pílulas pré-fabricadas, impedindo-as, destarte, de pensar por si mesmas.

Em tais condições, as próprias pessoas tornam-se vítimas das coisas. Mais: são tratadas como coisas. Compradas e vendidas como mercadoria. E então a lei da cobiça e do medo ocupa o lugar da lei da razão. Pensar é considerado perda de tempo. O que vale é a ação em proveito próprio, sem razão e sem outro objetivo que o poder.

Quando, porém, o poder se torna mais importante que a verdade, quando a ganância se transforma num fim em si mesma, à qual todo o mais se subordina, a finalidade do universo acaba totalmente frustrada e subvertida. Pois a lei fundamental da criação é esta: os seres materiais existem para o homem, e o homem existe para a glória de Deus. As coisas criadas erguem-se como obstáculos entre o homem e Deus somente quando o próprio homem é um obstáculo, quando a sua ganância escurece a luz da verdade. Mas, quando no homem brilha a luz da verdade, e quando ele vive e age de acordo com essa luz, todas as coisas encontram o seu lugar próprio em relação a Deus, por força do reto uso que delas faz o homem. São santificadas e oferecidas ao Senhor pelo trabalho criador do homem, imagem de Deus, vice-regente e alto sacerdote da criação.

Dessa maneira, cada coisa criada (exceto os anjos) depende do homem, que funciona no universo como o olho e a inteligência funcionam no corpo humano. Se o olho for "simples", isto é, puro, a visão será correta e verdadeira, e todo o corpo estará cheio de luz.

Segue daí que todo o universo está, espiritualmente, em luz ou em trevas, conforme a luz ou as trevas que existem no homem. Se o olho do homem for "luminoso", com a beleza espiritual da graça, sabedoria, percepção e filiação divinas, então a luz passará através dele para invadir e transfigurar toda a criação; naturalmente, não por uma espécie de osmose mágica, mas pelo trabalho criador do próprio espírito humano, trabalho nascido do amor a Deus Criador e aos nossos irmãos homens. O trabalho que brota desse amor criador é baseado na verdade implantada no mais íntimo do nosso ser pela natureza, e no nosso espírito remido pelo "pneuma" (espírito) que nos é dado pelo Cristo ressuscitado.

A obsessão do homem pelo poder obscurece e mancha todo o universo, porque resulta em uma classificação de toda a verdade em termos de poder, luta, e numa visão parcial das coisas, interesseira e fragmentária. Definir o ser em termos de poder e ganância é fragmentá-lo até o ponto de o reduzir a um átomo. A descontrolada obsessão de ganância e cobiça divide e diminui o homem, impedindo-o de ser um todo, de ser normal, de ser alguma coisa, enfim. Então ele abusa e perverte tudo quanto toca, e por fim toda a criação o atraiçoa e frustra, ainda que continue a obedecer ao seu poder supremo.

Quando o homem busca apenas o controle do universo, acaba, inevitavelmente, vendo nele não mais que um fragmento de si mesmo. O mistério da fé, no entanto, garante-nos que ele é muito mais.

O homem é mais que um simples dente de uma máquina cósmica. Cada pessoa é de alguma maneira o fim de toda a criação material, transcendendo-a pela sua natureza espiritual e vocação de filho de Deus. Era isso que S. Tomás queria dizer quando falava de todos os valores do mundo natural como inferiores a um único grau de graça na alma do homem remido, e a alma racional do homem como o fim último de todas as criaturas inferiores.

Mas só em Maria se realiza perfeitamente essa vocação. Isto explica por que a liturgia no-la apresenta, na Epístola da missa, como a sabedoria criadora de Deus, como se ela, por assim dizer, fosse o primeiro objeto do plano divino, antes que o Senhor ideasse e formasse as montanhas, os astros e os oceanos do orbe:

> Quando Ele estabeleceu os céus, eu estava lá, quando traçou um arco na superfície do abismo; quando firmou as nuvens no alto, quando assentou os fundamentos da terra; quando impôs limites ao mar, para que suas águas não transpusessem a linha traçada; junto a Ele estava eu como o artífice, brincando diante dele todo o tempo (e achei minhas delícias em meio aos filhos dos homens) (Pr 8,27-31).

Em Maria realizou-se perfeitamente todo o plano criador e redentor. E por isso ela é para nós uma luz da verdade e uma norma de vida; por esse mesmo motivo a sua beleza espiritual inclui a beleza espalhada por toda parte em forma parcial e incompleta. Nela se concentra toda a beleza do universo, transfigurada e elevada a um nível acima de toda compreensão; e desde que essa perfeição foi alcançada através da realização da potência obediencial da sua natureza, que é também a nossa, há em nós certa conaturalidade que nos faz corresponder à sua transcendente radiosidade, ainda que esta permaneça obscura para nós. É de grande proveito considerarmos que Maria é, como nós mesmos, uma criatura humana, cuja humildade foi glorificada na luz de Cristo e salva do poder das trevas e do mal pela graça da sua Cruz.

Saudemo-la, pois, com as palavras de Santo Epifânio:

> Ó Bem-aventurada Virgem, pomba imaculada, esposa celestial, Maria: és céu, templo e trono da divindade, que em Cristo tiveste o teu sol esplendoroso na terra e agora o tens no Céu.
>
> Nuvem brilhante, tu trouxeste Cristo como um raio de luz para iluminar o mundo!
>
> Milagre estupendo nos céus: uma mulher vestida do sol, trazendo a Luz no seu seio!

Resta-nos, pois, celebrar a sua imaculada beleza, abrir nosso coração à mesma luz da verdade que a santificou, à mesma graça que a tornou agradável ao Altíssimo, seu e nosso Criador, o qual deseja ver realizado em nós o mesmo inefável mistério da luz.

Ainda mais: Ele quer ver o mundo todo salvo e transfigurado nessa luz, pela nossa perfeita aceitação dos seus dons, seu amor e sua graça, a fim de que transmitamos o poder do seu amor a todos os homens e a todos os seres, por meio do nosso trabalho, nossa oração e nosso amor.

[1962]

O Bom Samaritano

"Quem é meu próximo?"

Cristo narrou a parábola do Bom Samaritano em resposta a essa pergunta.

Para nós, todos os samaritanos são "bons samaritanos". Mas não era assim para os que, pela primeira vez, ouviram essa parábola. A seus olhos, todos os samaritanos eram maus, pelo simples fato de serem samaritanos. De fato, por isso é que um samaritano tinha de ser o sujeito da parábola. Era necessário que os ouvintes compreendessem que pelo menos um samaritano podia ser bom.

Por outro lado, nós aceitamos os samaritanos sem dificuldade como sendo bons, pois nos identificamos com eles. Todos os samaritanos são bons aos nossos olhos porque nos consideramos samaritanos, isto é, bons samaritanos. Uma vez que chegamos a nos considerar bons samaritanos, será que não consideramos talvez os judeus como menos bons do que nós? Nesse caso, não compreenderemos, de modo algum, a parábola, pois haveremos de imaginar que o sacerdote e o levita passam sem se deter pelo homem ferido só por serem judeus. E haveremos de pensar que por ser o samaritano "bom" e "samaritano" é que o ajudou.

Se, no entanto, interpretamos desse modo a parábola, fechamos nosso entendimento a seu sentido. Pois nem o judeu nem o samaritano são nosso próximo em nenhum sentido, exclusivo ou confortador.

Considerai a pergunta que foi feita: "Quem é meu próximo?". Essa era, de fato, a segunda das duas perguntas feitas a Cristo pelo doutor da lei. A primeira, com o intuito de ser uma tentação ou um embaraço, era: "Como poderei obter a vida eterna?". Eis uma pergunta importante. É tão importante, que ninguém pode ficar sem sua resposta. E notai que ele faz essa pergunta Àquele do qual lemos: "Esta é a vida eterna, que conheçam a Ti, o único verdadeiro Deus e a Jesus Cristo, a quem enviaste".

Uma vez que a resposta à mais importante das perguntas é acessível a todos, o doutor da lei deveria tê-la conhecido. E ele a conhecia. Não tinha nenhuma necessidade de formulá-la. O Senhor a tornou clara, perguntando: "Qual é o primeiro mandamento?". Quando o doutor da lei respondeu, dizendo que o primeiro mandamento era o amor de Deus e o do nosso próximo, Cristo lhe disse, então, que observasse esse mandamento e, desse modo, teria a vida eterna. Assim, tornou-se claro não ser a pergunta necessária. Mas, para provar não a ter feito sem motivo, o doutor da lei fez nova pergunta: "Quem é meu próximo?".

Podemos, talvez, supor que ele quisesse sugerir não ter nenhum problema quanto ao amor a Deus, uma vez que "Deus é bom". Mas estava perplexo em relação ao amor ao próximo, pois uns homens são melhores do que outros, e todos são imperfeitos. Sendo esse o caso, para proteger-se contra a possibilidade de amar um objeto indigno, desperdiçando, assim, seu amor, desejava saber onde se achava a linha de demarcação. Quem é o próximo a ser amado, e quem é o estranho a não ser amado? Nessa pergunta, trata-se de classificação racional. Por isso, é também questão de julgamento, pois classificar é julgar. Como, então, classificar as pessoas e julgá-las corretamente como dignas de amor, de ódio ou de indiferença? Eis um belo problema. Mas, para o Senhor, era um problema sem sentido, pois Ele havia dito: "Não julgueis e não sereis julgados". Não classifiqueis e não sereis classificados.

A parábola parece não responder a essa pergunta ou, pelo menos, não a responder diretamente. Pois o doutor da lei indagou: "Como conhecerei meu próximo de maneira a *dar-lhe,* ativamente, o amor ordenado por Deus?". E Cristo dá um exemplo de alguém que *precisa* de amor e que *recebe* passivamente amor de alguém que não entra na categoria de "próximo". E, no entanto, o samaritano é constituído "um próximo", pelo fato de que dá amor. Ora, o que essa resposta exprime em realidade é mais do que o escriba perguntava explicitamente. Pois a resposta abre uma brecha na pergunta: Cristo não diz ao escriba como julgar e classificar, mas lhe ensina que as classificações não têm sentido, quando se trata de amor. Porque não amamos e não podemos amar conforme classificações. Ou, se o fazemos, é que não amamos no pleno sentido da palavra. O amor é livre e não precisa de um objeto bom: pode conferir uma bondade que está escondida. Mas, se o amor se submete a um objeto, a um bem fora de si mesmo, tende à sua própria destruição. Contudo, se confere o bem a seu objeto, desenvolve-se e cresce. Isso porque a natureza do amor está em dar como em receber. O amor dá e recebe, mas primeiro dá e, dando, recebe. Portanto, se o amor exige receber um bem do seu objeto antes de começar a amar, jamais poderá começar a amar.

Se alguém tem de ser para mim agradável, confortador e inspirar-me confiança antes que eu o possa amar, então não o poderei em verdade amar. Não que o amor não possa consolar e inspirar confiança! Mas, se exigimos *antes* que nos inspirem confiança, jamais ousaremos começar a amar. Se alguém tem de ser um judeu ou um cristão antes que eu o possa amar, não posso, nesse caso, amá-lo. Se ele tem de ser preto ou branco antes de poder eu amá-lo, não o posso amar. Se ele tem de pertencer ao meu partido político ou a meu grupo social antes de eu o poder amar, se ele tem de usar o mesmo uniforme que eu, meu amor já não é, nesse caso, amor, por não ser livre. É imposto por algo fora dele mesmo. Está dominado por um apetite que não é o amor. Eu amo, então, não a pessoa, mas a classificação e, nesse caso, eu o amo não como uma pessoa, mas como uma coisa. Amo seu rótulo, que me confirma no apego a meu próprio rótulo. Mas, então, não amo nem sequer a mim mesmo. Dou-me valor não pelo que sou, mas pelo meu rótulo, minha classificação. Desse modo, permaneço à mercê de forças que estão fora de mim. E os que me parecem ser o próximo são, em realidade, estranhos, pois sou, em primeiro lugar, um estranho a mim mesmo.

Pensais, acaso, ser este o sentido da parábola: que todos os homens devam ser amados porque são homens? Porque são humanos e têm a mesma natureza? Não, não é esse o sentido. Isso seria simplesmente uma questão de ampliar a classificação até os extremos limites, incluindo todos os homens numa só grande categoria, "Homem". Cristo, entretanto, significa mais do que isso, pois Ele dá uma resposta mais do que filosófica. Sua resposta é uma revelação divina, não um princípio de ética natural. É uma revelação do mistério de Deus. Assim, revelando a verdade, ela permanece misteriosa e, em certo sentido, escondida. Contudo, se nos aproximamos o mais possível da fonte da revelação, podemos obter uma visão mais profunda e íntima do mistério.

A parábola do Bom Samaritano é uma revelação de Deus numa palavra que tem grande importância através de todas as Escrituras, desde o início até o fim. É uma revelação do que o profeta Oseias diz, falando pelo Deus invisível: "Eu quero a *misericórdia* e não o sacrifício". Que é essa *misericórdia* da qual se fala em toda parte nas Escrituras e especialmente nos Salmos? A Vulgata faz ouvir a palavra *misericórdia* como o toque profundo de um sino de catedral. Misericórdia é o *burden**, ou o *bourdon*, é o som baixo e em surdina de toda a Bíblia. Mas a palavra hebraica que traduzimos como misericórdia diz muito mais do que apenas misericórdia.

Chesed (misericórdia) é também fidelidade e fortaleza. É a misericórdia fiel e indefectível de Deus. É o fundamental, aquilo que não falha, porque é o poder que une uma pessoa a outra, numa aliança de vontades. É o poder que nos une a Deus, porque Ele nos prometeu a sua misericórdia e jamais falhará em sua promessa, porque Ele não pode falhar. É o poder e a misericórdia que mais o caracterizam, que mais se aproximam do mistério no qual penetramos quando todos os conceitos se obscurecem e nos escapam.

Existem outros atributos de Deus que estão mais distanciados dele e mais perto de nós. Esses atributos surgem a cada momento nas Escrituras. São "flashes" e presenças, aparecem e desaparecem, como se fossem, em certo sentido, provisórios, como se fossem aproximações: são demasiadamente parciais! Todos os conceitos sobre Deus têm de ser corrigidos e completados na medida em que são analogias. Alguns mais do que outros. Por exemplo, a metáfora de que Ele está irado quando, de fato, não o está. É verdade que Ele manifesta sua cólera, que Ele julga, que Ele pune e "fere"! No entanto, quando dizemos que Ele faz todas essas coisas, Ele não as faz, e sim outra coisa que não compreendemos. E quando se disse que Ele está irado, apenas foi dito que a nós parecia estar Ele irado. Estamos dizendo que, se *nós* estivéssemos em seu lugar, nos teríamos irado e teríamos ferido. Mas por-

---

* *Burden* (inglês) ou *bourdon* (francês) é em português bordão. Significa o som mais baixo em certos instrumentos; nome dado às cordas mais grossas de vários instrumentos. Em alemão, *Unterton* (N.T.)

que "meus pensamentos não são vossos pensamentos", diz o Senhor, existe algo que se aproxima muito mais da verdade, que se manifesta num plano transcendente quando a cólera desaparece. É o sol que não muda, por detrás das nuvens que passam e que são os outros atributos de Deus. Esse elemento imutável, fundamental, básico, é o mistério revelado na palavra *chesed.*

Que lemos em Isaías?

> Como uma mulher abandonada e aflita, eu te chamo; pode-se repudiar uma mulher desposada na juventude? diz o Senhor teu Deus. Por um momento eu te havia abandonado, mas com grande misericórdia eu te recebo de novo. Num acesso de cólera afastei-te de minha face. Mas no meu eterno amor, na minha misericórdia, tenho compaixão de ti (Is 54,6-8).

Novamente declara Oseias que o Senhor não deseja tanto ser chamado Senhor do que como "esposo", uma vez que ser chamado Senhor indica antes ser adorado com temor do que com amor, como se Ele fosse Baal, e não o Salvador. Pois é característico de Baal não ter *chesed.* O poder de Baal é outro, assustador, caprichoso, incapaz, porém, de atingir as profundezas de nosso ser. *Chesed* pode possuir nossos corações e transformá-los, como é dito:

> Naquele dia, diz o Senhor, tu me chamarás: "Meu marido" e não mais: "Meu Baal". Não lhe deixarei mais na boca os nomes dos Baals e ninguém pronunciará tais nomes (Os 2,18-19).

Chesed é ainda mais do que misericórdia. Entretanto, contém em si muitos aspectos variados do amor de Deus que brotam em misericórdia e são sua fonte e origem escondida. Recordemo-nos de como Deus se revelou a Moisés no Sinai. Primeiro, Moisés havia suplicado poder ver seu rosto, e o Senhor disse a Moisés que ninguém podia vê-lo e viver. Moisés havia insistido em vê-lo. Deus, então, mostrou-se a ele sem se mostrar. Isto é, Moisés o viu não o vendo, pois que o viu quando Ele já havia passado. Mas Ele "havia estado" ali (Ele que está em toda parte e em nenhum lugar). Quer isso dizer que havendo a Ele conhecido em completa escuridão, sem vê-lo, viu-o depois, numa espécie de luz-depois-das-trevas, sem conhecê-lo. Em primeiro lugar, o "flash" e, em seguida, a passagem e a noite. Depois, o clamor e as palavras vindas das profundezas da escuridão e do mistério daquele despertar. Essas solenes palavras que irrompem do coração de Moisés e explodem em várias formas e tons, constituindo, todos, a imagem de *chesed*:

> Javé, Javé, Deus compassivo e misericordioso, lento para a cólera, rico em bondade e em fidelidade, que conserva a misericórdia até mil gerações, que perdoa a iniquidade, a rebeldia e o pecado, mas não tem por inocente a homem nenhum (Ex 34,6-7).

O *chesed* de Deus é uma misericórdia gratuita que não considera o mérito, a dignidade e a retribuição. É a maneira como o Senhor olha para os culpados e, com o seu olhar, torna-os imediatamente inocentes. Esse olhar parece ira a alguns, pois obriga-os a fugir. Se, porém, o contemplarem, verão que é amor e que eles são inocentes. (A fuga e a confusão causadas por seu temor torna-os culpados a seus próprios olhos.) O *chesed* de Deus é verdade. É força infalível. É o amor com o qual procura e escolhe seus eleitos, unindo-os a Si. É o amor com o qual Ele está desposado com a humanidade. Assim, se a humanidade lhe for infiel, terá ela sempre uma fidelidade a que voltar, isto é, a própria fidelidade dele. Ele se tornou inseparável do homem na *chesed* que denominamos "Encarnação", "Cruz" e "Ressurreição". Ele também nos deu sua *chesed* na Páscoa de seu Espírito. O Paráclito é a plenitude do mistério inefável de *chesed.* Assim sendo, nas profundezas de nosso ser existe uma fonte inexaurível de misericórdia e de amor. Nosso próprio ser se tornou amor. Nosso próprio ser se tornou o amor de Deus por nós e está cheio de Cristo, nosso *chesed.* Devemos, porém, encará-lo e aceitá-lo. Temos de nos aceitar e aceitar aos outros como *chesed.* Temos de ser, para nós mesmos e para os outros, sinais e sacramentos de misericórdia.

Chesed, misericórdia e poder, se manifesta visivelmente no *chasid*, ou o santo. De fato, o santo é alguém cuja vida inteira está imersa no *chesed* de Deus. O santo é o instrumento da misericórdia divina. Através do *chasid*, o amor de Deus se estende no mundo, num mistério visível, um mistério de pobreza e amor, mansidão e poder. O *chasid* é, sob vários aspectos, um tolo, é alguém que se tornou cômico por misericórdia. Pois a aparente tragédia do seu nada é transformada pela alegria. Em sua loucura, brilha a sabedoria divina. E seu aniquilamento é uma nova criação, de maneira que ele se alegra no absurdo das divinas misericórdias e está perpetuamente admirado diante do amor criativo de Deus. Conclama todos os seres a louvarem, com ele, esse amor. E a maioria não lhe dá atenção. Entretanto, o sol, a lua, o mar, as colinas e as estrelas se unem a Ele, louvando a *chesed.* A maioria dos homens talvez o considere maluco.

(Deus também está satisfeito de ser tido por louco na pessoa do seu *chasid.* Pois a sabedoria de Deus é loucura aos olhos dos homens.)

A loucura do *chasid* se manifesta em seu amor e sua preocupação pelo próximo, o pecador. Pois o pecador está "junto" do *chasid* ou santo. Estão de tal modo próximos um do outro, de tal modo semelhantes que, por vezes, quase não se distinguem. O homem profissionalmente piedoso, ao contrário, torna o fato de se distinguir dos pecadores uma verdadeira profissão. Quer que se torne bem claro para Deus e para os homens que Ele e o pecador são de categorias diferentes. Daí o amor do *chasid* pelo pecador (e do pecador pelo *chasid*) não ser a preocupação paternalista do piedoso e respeitável, e sim a preocupação desinteressada de alguém que age como se pensasse ser a mãe, o irmão ou a irmã do pecador. Comporta-se como o samaritano na parábola e não como o sacerdote e o levita que estavam bem a par das conveniências, classificações e categorias. Quem sabe? Talvez o sacerdote tenha lançado um olhar sobre o tipo estirado na vala e observado que, estando ele coberto de sangue, não lhe convinha de modo algum contrair uma impureza ritual. Especialmente ali no deserto, tão distante da água. Os que são profissionalmente respeitáveis e cujas vidas se medem pelas cerimônias longas e formais têm mais o que fazer do que serem instrumentos de *chesed*.

Quem é meu próximo? A quem estou ligado? Quem devo amar?

Essas não são perguntas inteligentes e não têm respostas claras. Ao contrário, qualquer tentativa de respondê-las nos envolve em intermináveis sutilezas, coisas vagas e, finalmente, confusão. O amor desconhece classificações. A medida do amor estabelecida por Cristo para nós ultrapassa mensurações: temos de ser "perfeitos como o Pai do céu é perfeito". Mas o que significa a "perfeição" do Pai celeste? É a imparcialidade não no sentido de uma justiça que tem igual medida para todos, conhecendo seus méritos, mas no sentido da *chesed* que desconhece a classificação do bem e do mal, do justo e do injusto. "Pois Ele faz cair a chuva sobre os justos e os injustos."

Estamos ligados a Deus na *chesed*. O poder de sua misericórdia apossou-se de nós e não nos deixará: por isso, nos tornamos tolos. Não podemos mais amar ajuizadamente. E porque nós nos despojamos nessa loucura que Ele nos enviou, podemos ser movidos pela sua imprevisível sabedoria de maneira que amamos a quem amamos e ajudamos a quem ajudamos não conforme os nossos próprios planos, mas segundo a medida estabelecida por nós em sua vontade oculta, que não conhece medida. Nessa loucura, que é obra do Espírito Santo, devemos amar especialmente aqueles que são desamparados e que nada podem por nós. Temos também de receber seu amor, conscientes de nosso próprio desamparo e incapacidade de nos bastar a nós mesmos. *Chesed* nos tornou como que rejeitados e pecadores. *Chesed* contou-nos entre os de fora e estranhos. *Chesed* não só nos tirou nossa razão, mas classificou-nos no mesmo plano que todos os demais, aos olhos de Deus. Assim, não temos morada, nem família, nem nicho na sociedade e nenhuma função reconhecível. Nem tampouco damos a impressão de ser especialmente caridosos e não nos podemos orgulhar de nossa virtude. *Chesed* aparentemente roubou-nos tudo isso, pois aquele que vive pela misericórdia de Deus, unicamente, só por essa misericórdia pode viver e por nada mais. *Plenitudo legis est caritas.* A misericórdia realiza toda a lei.

O mistério do Bom Samaritano é, portanto, o mistério de *chesed*: poder e misericórdia. Afinal, é o próprio Cristo que jaz ferido à beira da estrada. É Cristo que vem na pessoa do samaritano. E Cristo é o laço, a compaixão e a compreensão entre os dois. Assim é que a Igreja é construída de pedras vivas, compactamente unidas pela misericórdia. Onde existe, de um lado, um desamparado ferido e meio morto, e, do outro, um rejeitado sem prestígio, e este se inclina com piedade para ajudar o outro, então se opera uma epifania divina, um despertar. Aí há um "homem", aí a realidade se torna humana, e, em resposta a esse movimento de compaixão, surge, na terra, uma Presença, e a brilhante nuvem da majestade de Deus cobre a pobreza e o amor de ambos. Pode não haver consolação nisso. Pode não haver nada de humanamente encantador. Isso não se assemelha necessariamente ao cinema. Talvez, visto de fora, o encontro seja sórdido e nada atraente. Entretanto, a Presença de Deus na terra aí se realiza. Cristo aí está. Deus entra em comunhão com o homem.

Esse é o significado quando falamos em "fazer a vontade de Deus". Não se trata apenas de observar preceitos, rezar, ser santo. Trata-se, sim, de sermos instrumentos da misericórdia e de nos ligarmos e de ligar os outros a Deus nos laços da *chesed.*

As duas perguntas do escriba eram, portanto, inúteis. Por isso Cristo não as respondeu. Contudo, não as deixou passar sem dar-lhes atenção. Ao contrário, considerou-as indicações da posição difícil do escriba – e da nossa. Em lugar de responder às perguntas, derramou azeite nas feridas. E fê-lo, com suas palavras, Ele que é a resposta a todas as perguntas úteis.

[1961]

O nome do Senhor

O autor da Epístola aos Hebreus inicia seu testemunho a respeito do Sumo Sacerdócio do Verbo Encarnado estabelecendo o contraste entre a revelação que Deus faz de si mesmo aos homens "através do ministério dos anjos" e a manifestação de si mesmo em seu Filho. As primeiras palavras da Epístola recordam o fato de que, "outrora, Deus falou a nossos pais de muitos modos e por muitos meios, através dos profetas". Agora, porém, Ele falou em seu Filho, herdeiro do universo, também por Ele criado (cf. Cl 1,16). Ele é a imagem da glória do Pai, está sentado em majestade à direita do Pai, "superior aos Anjos, pois herdou um nome superior ao deles" (Hb 1,1-5). Talvez o autor de Hebreus tivesse também em mente o contraste que se encontra na Torah entre as aparições de misteriosos "*malakh'* Yahweh" (o anjo do Senhor), e a revelação muito mais pura, imediata e direta que o Senhor faz de si mesmo em *seu Nome,* Javé.

Em realidade, na Torah, a experiência de ver o "anjo do Senhor", ou talvez mesmo de lutar com ele (Gn 32,24), estava reservada a indivíduos muito especiais e, aliás, tinha algo em comum com as experiências religiosas de outros povos do Oriente próximo (cf. Jz 13,3-16).

Contudo, o anjo se recusa a revelar seu nome. Permanece uma manifestação anônima do poder divino numa experiência extraordinária que irrompe na vida de um indivíduo, deixando-o mudado para sempre (Gn 32,25). Em contraste com a visão do Senhor através de seu anjo, está o confronto pessoal com Ele em e através de seu Nome. Notai, no entanto, que, em Êx 23,21, o Senhor diz a Moisés que seu anjo precederá Israel "*e meu Nome está nele*". Aqui, o Nome do Senhor é, evidentemente, transcendente e divino, enquanto o anjo permanece um ser criado no qual e através do qual o Nome do Senhor se manifesta por sua ação salvando seu povo.

Todavia, a experiência de conhecer e invocar o Nome de Javé nada tinha de esotérico, uma vez que era dado a todos os membros do Povo santo. De fato, essa era uma das coisas que os tornavam um povo e santo. Conhecendo o Nome do Senhor, era *seu* povo. Seu Nome permanecia entre eles, era sobre eles invocado e conhecido em seu meio (Ex 23,21; Dt 12,5; 1Rs 8,16-30; Nm 6,22-27). Entretanto, ao mesmo tempo o conhecimento do Nome do Senhor separava nítida e definitivamente todo aquele que o recebia dos multiformes cultos da natureza e da realeza, por parte das "nações". Aquele que "conhecia o Nome" de Javé por isso mesmo conhecia a inanidade de todos os outros deuses, e estava obrigado a "reverenciar" ou "santificar" o Nome de Javé por uma obediência total, uma fidelidade e dedicação que excluía qualquer divisão do coração e qualquer tentação para partilhar o culto de Javé com qualquer outro (cf. Lv 18,21). Qualquer tentativa de adorar outro deus juntamente com Javé era não só violação do primeiro e mais importante mandamento, mas também "profanava o Nome de Javé".

A revelação do Nome de Deus a seu povo é o mais importante de todos os dons, o dom que continha em si todos os outros. Dar a seu povo o conhecimento de seu Nome era, ao mesmo tempo, conceder-lhes o poder de penetrar em sua Presença, invocá-lo, entrar em comunhão com Ele, louvá-lo e encontrar, na santificação litúrgica de seu Nome, o sentido central da própria existência desse povo. Isso era, portanto, algo mais do que a revelação do conhecimento "sobre" Javé ou, mesmo, do que a revelação de sua essência. Trata-se da revelação de sua Presença como um fato transcendente, pessoal e existencial. Trata-se da suprema realidade. Assim, o Nome de Javé é ainda mais expressivo da divina majestade do que as outras apelações de Deus. Javé estaria pessoalmente presente por seu Nome onde quer que fosse invocado de um modo que estivesse de acordo com sua vontade, manifestando assim fidelidade ao verdadeiro sentido de seu Nome (cf. Jo 14,13-14).

Ele haveria de conceder a seu povo a possibilidade de "lembrar-se" de seu Nome, num culto especialmente por Ele estabelecido para esse fim. Esse lembrar-se do Nome de Javé era, evidentemente, mais do que simples rememorar consciente e atento, implicava uma confrontação pessoal no culto e a renovação da obediência à aliança (Js 24,14-25).

A revelação do Nome de Javé era, ao mesmo tempo, mais e menos do que a revelação da essência divina e dos atributos. Mais, porque tornava a Deus presente em seu ser pessoal, em todo o ímpeto e urgência de um amor gratuito e redentor. Menos, porque não dava conhecimento minucioso de sua natureza.

Por outro lado, o Nome El-Elohim-Allah tende a ser mais a revelação da natureza divina, do poder divino. Mas isso é simplesmente o nome semítico comum de Deus. Não é uma revelação especial de Javé a seu povo. De fato, "El" pode designar "*qualquer*" deus e há muitos pontos em comum entre o El-Shaddai (Deus todo-poderoso) do Antigo Testamento e o "Deus Altíssimo" dos cananeus (cf. Gn 35,9-15). El-Elohim é o Todo-poderoso Criador, o Senhor da Natureza, que se manifesta nas teofanias cósmicas. Javé é o Senhor da "história-salvação" do Povo escolhido, revela não só seu poder, mas sua inesgotável misericórdia (*chesed*) e sua fidelidade (*emet*).

Lembrar-se do Nome de Javé era penetrar em sua presença por e através do Nome Santíssimo, como era invocado pela assembleia sagrada. No entanto, não era isso mera questão de temor reverencial religioso e coletivo diante do poder transcendente da natureza divina, El-Shaddai, El-Elohim. Era também, e sobretudo, uma profunda conscientização de estar na presença da *Pessoa* do Senhor, de Javé e, consequentemente, significava consciência de submissão à expressão de sua vontade livre e pessoal de glorificar seu Nome no meio de seu povo, pelo poder salvífico de sua *chesed* ou amor inesgotável.

Mesmo onde o Senhor se manifestava, em tempos pré-mosaicos, através de um anjo, sentia-se imediatamente a necessidade de procurar o "nome" do "homem de Deus" que havia aparecido. Manué, por exemplo, desejou oferecer sacrifício ao anjo que lhe prometeu o nascimento de seu filho Sansão. O anjo lhe diz que ofereça o sacrifício ao Senhor, e não a ele. Manué, sem ainda compreender a situação, pergunta: "Qual é teu nome, para que te possamos honrar quando tuas palavras se realizarem?". O anjo do Senhor respondeu-lhe: "Por que queres saber meu nome, que é misterioso?". Então, Manué tomou o cabrito com uma oferenda de cereal e ofereceu sobre a rocha ao Senhor, "cujas obras são misteriosas" (Jz 13,18-19. Notai os versículos seguintes até o fim do capítulo. Cf. Gn 32,30).

Aqui neste curioso texto que, sem dúvida, reflete a confluência de uma variedade de tradições de religiões primitivas e é, portanto, um pouco ambíguo, vemos a importância que davam os homens primitivos ao conhecimento do *Nome* de qualquer ser sobrenatural, que podia ser invocado como auxiliador ou intercessor. Invocar o Nome de um desses seres era entrar em contato com um poder maior do que o do homem. Conhecer o nome desse poder era, em certo sentido, manifestar-lhe amizade. A vida e o poder de um ser inteligente (no sentido banto africano de *muntu*) está misteriosamente presente em seu nome. No caso de seres humanos ou angélicos, o nome exerce um poder sobre a própria pessoa – se o chama, não pode Ele deixar de responder do mesmo modo.

Javé pode, naturalmente, recusar-se a ouvir quando seu Nome é invocado. Mas Ele se compromete livremente, por uma promessa, a ouvir e responder quando seu Nome é invocado por seu povo, na assembleia sagrada, ou mesmo pelo simples fiel:

> Porque se uniu a mim por amor, eu o livrarei;
> *E o protegerei, já que conheceu o meu nome.*
> Quando me invocar, eu o atenderei;
> Na tribulação, estarei com ele;
> Hei de livrá-lo e o cobrirei de glória.
> Será favorecido com longa vida,
> E mostrar-lhe-ei a minha salvação
> (Sl 90/91,14-16; cf. 9,11; 39/40,5 etc.)

Quanto a Javé, seu "nome partilhava diretamente de sua santidade e era, por assim dizer, o prolongamento de seu ser"[71]. Assim, lembrar-se de seu nome era penetrar na presença de sua terrível majestade. Não só isso, o nome de Javé era realmente a "concretização da revelação salvífica"[72]. Lembrar-se do nome de Javé era recordar todas as suas misericórdias e a fidelidade de suas promessas, todas as suas intervenções na história. Em certo sentido, o passado, presente e futuro se reuniam na invocação do nome divino.

Assim, a invocação do nome de Javé no tempo, no culto e na história implicava a descoberta de um dinamismo na experiência do povo de Deus que, em tempos futuros, tomaria uma orientação escatológica. Assim, as

---

71. VON RAD, G. *Old Testament theology.* v. 1. Edimburgo: Oliver & Boyd, 1962, p.183.

72. *Ibid.*, p.186.

"santificações" do nome do Senhor reuniam o início e o fim, a criação e o Juízo Final, e antecipava a instauração do reino escatológico prometido. No Apocalipse do Novo Testamento, o Senhor, *Kyrios*, haveria de se declarar "o alfa e ômega, o princípio e o fim".

A revelação primitiva do Nome de Javé em Horeb estava ainda longe disso. Todavia, o Nome e a presença de Javé haveriam de permanecer ao mesmo tempo o centro dinâmico da vida e da história do povo de Deus e tomaria, também, teologicamente, "o lugar que, em outros cultos, era ocupado pela imagem cultuada"[73].

Javé era, em verdade, um "Deus vivo", porque estava presente não em uma imagem morta, mas numa presença pessoal, poderosa e dinâmica, seu Nome que "habitava no meio de seu povo".

Se a revelação do Nome de Javé tivesse sido apenas a revelação da natureza ou essência divina, poderia, de algum modo, ter-se tornado acessível às outras nações. Poderiam eles tê-la deduzido, observando a natureza por Ele criada. Poderia ter-se tornado parte de sua herança cultural e ter-se mesclado ao culto sincretista deles, construído em torno do ciclo das estações e das forças criadoras da vida natural. Afinal, isso apenas teria significado vincular um culto cósmico com uma fonte metafísica suprema, a natureza divina daquele que rege o universo. Mas a revelação do Nome de Javé era muito mais do que isso. Era a revelação de uma liberdade pessoal intervin-

---

73. *Ibid.*, p.183.

do, com seus sábios e inescrutáveis desígnios, na história de seu Povo eleito. Consequentemente, o sentido de sua intervenção não era acessível, e não podia sê-lo, a quem não estivesse incluído no plano salvífico de Javé.

O israelita que, mais cedo ou mais tarde, cedia à tentação de identificar Javé, mais ou menos de boa-fé, com Baal, estava, em realidade, esquecendo-se do caráter puramente pessoal da autorrevelação de Deus, livre e deliberada, em seu Nome. Estava voltando ao conceito de uma natureza divina, conceito menos exigente precisamente porque não insistia em um confronto dos corações e das vontades tão sério e sincero. E, assim, requeria, em lugar de uma obediência pessoal e particular, uma espécie de submissão geral às forças implantadas na natureza por um poder criador divino ou, talvez, apenas orientador. Os diversos Baals, evidentemente, tinham, todos, seus próprios nomes. Mas invocá-los era invocar uma *força*, e não uma presença livre e pessoal possuindo o poder de julgar e ter misericórdia. Uma força que, de fato, poderia ser imprevisível em sua ação. E, portanto, não sujeita ao que denominaríamos controle "científico". Contudo, essa imprevisibilidade brotava não de uma liberdade pessoal, e sim do capricho de uma força cósmica que foge ao controle consciente.

A revelação primitiva do Nome de Javé não era a revelação de um nome como outro qualquer. YHWH, o "*tetragrámmaton* inefável" (Orígenes), não é, absolutamente, em certo sentido, um nome. Alguns eruditos interpretam o Ex 3,14 como uma recusa de Javé a manifestar seu Nome e identidade, que seria o repelir uma pergunta impertinente! Isso não é nada provável, pois que é a Moisés confiada a revelação de Javé e seu plano de salvação do Povo escolhido. Entretanto, de modo algum a declaração "Eu sou Aquele que é" representa, em algum sentido, uma evasiva. Com efeito, Javé se recusa a declarar ou definir sua Natureza inefável, mas manifesta clara e fortemente *sua presença e seu ser como Pessoa*, com um plano livre e salvífico emanando de um abismo de incompreensível e amorosa misericórdia (cf. Ex 34,6).

Por outro lado, é certo que a forma YHWH, que ninguém sabe seguramente como pronunciar, foi introduzida na época tardia veterotestamentária, para garantir que o Nome Santo nunca seria tratado com a mínima irreverência. Assim, deixou de todo de ser pronunciado. O Manual de Disciplina da comunidade do Qumran prescreve a expulsão do membro que ousasse pronunciar o Nome inefável. Quando, no culto, o Nome de Deus era pronunciado em voz alta, era substituído pelo de *Adonai* (Senhor). Segue-se esse costume nos Setenta com a palavra *Kyrios,* e, na Vulgata, *Dominus.*

Clemente de Alexandria, porém, disse (*Stromateis* V.6.34), "o tetragrama e nome místico que só era apreendido por aqueles para os quais o impenetrável era acessível é pronunciado Iaowe (Javé)"[74]. Um moderno exegeta bíblico escreve: "O nome de Javé inspirava, como sentimento religioso primário, a ideia da presença viva, que

74. Cf. LAMBERT, S. J. *Que signifie le Nom Divin YHWH,* in *Nouvelle Revue Théologique,* n. 9, p. 897s, 1952.

inspirava temor de Deus"[75]. Assim, deveríamos ser gratos aos editores da *Bible de Jérusalem* por nos darem o Nome de Javé, em toda parte, em lugar de "Senhor".

O Nome Javé exprime a manifestação mais simples, direta e poderosa de Deus como *Pessoa* no Antigo Testamento. O terceiro capítulo do Êxodo é um dos textos mais importantes da Bíblia. Forma a base não só da teologia cristã e judaica, mas também de todo o conceito religioso do Islã. É um texto que deve ser conhecido, meditado e assimilado por um crente em qualquer uma dessas religiões. Depois do episódio da sarça ardente no Horeb (Ex 3,1-12), onde é dito a Moisés que ele deve levar para fora do Egito os israelitas, e deve anunciar ter sido "enviado" para isso, Moisés, como se pode bem compreender, pergunta: "Se eles quiserem saber quem me enviou, qual o Nome que a eles darei?". É um fato importante que o "poder" que se oferece para a salvação de Israel deva ser identificado, seja como o Deus dos Pais *ou* de Abraão, *ou* de Isaac, *ou* de Jacó (poderia, possivelmente, haver uma escolha), ou como outro deus. Por exemplo, ele poderia ser simplesmente o Deus desta localidade, o monte Horeb. A resposta de Javé significava, entre outras coisas, não ser Ele o Deus de algum lugar, tribo ou força natural determinados. Com efeito, é que Ele não é "um dos deuses". Tampouco é simplesmente uma natureza entre naturezas, um ser entre seres. A resposta em Êx 3,14 não é certamente uma declaração

75. VRIEZEN, T. C. *An outline of Old Testament theology.* Oxford: Oxford Press, 1960, p. 195.

sobre "que espécie de ser" enviou Moisés ao Egito. É uma declaração da presença pessoal e transcendente do ser invisível que agora fala a Moisés e que estará também presente com Ele no Egito.

O sentido preciso dessa declaração vem ocupando consideravelmente a moderna exegese. Os estudos linguísticos têm encontrado várias maneiras de fazer derivar o YHWH de diferentes formas do verbo "ser". Tradicionalmente, a teologia católica empresta à declaração uma interpretação metafísica perfeitamente legítima enquanto *desenvolvimento* do conteúdo aí revelado. Todavia, não é inteiramente claro que o sentido primitivo corresponda exatamente às implicações um tanto especiais dos Setenta (*eimi ho on*) e da Vulgata (*Ego sum qui sum*). Nessas versões há uma ênfase plausível e legítima sobre a declaração da absoluta aseidade de Deus: Deus *é* Ele mesmo. Deus de ninguém depende. Está acima de todos os seres. Não se confunde com nenhum ser puro, nenhum ato puro. Existe puramente *a se*. A Vulgata pode sugerir duas interpretações: Sou quem sou, no sentido de que sou Aquele que é. Ou, mais oculta e concretamente, *Sou quem sou*, com a implicação de que Deus assim revela *que Ele é*, mas não *quem*, ou *o que Ele é*.

Sem dúvida há nessa revelação do ser divino uma nítida implicação de asseidade, infinita realidade, pura atualidade e eternidade. Deus é Aquele que é e, em contraste com o seu puro ser, todas as coisas transitórias "não são". Acima de tudo, todos os outros seres que se proclamam deuses são simplesmente ilusões.

Outras possibilidades interessantes têm sido apresentadas pela exegese moderna. Todas elas com tendência a ser, diríamos, mais "existenciais" do que as que acabamos de considerar.

"Sou Aquele que *faz ser.*" Também isso poderia estar implicitamente contido na elucidação católica tradicional dos textos dos Setenta e da Vulgata. "*Sou o que quero ser.*" Uma extrapolação mais dinâmica, menos estática do "sou o que sou". "*Serei o que quero ser.*" Isso é mais misterioso e a ênfase é ainda mais dinâmica. Declara a liberdade infinita de Javé enquanto, ao mesmo tempo, focaliza nossa atenção não sobre seu ser, mas sobre sua atividade, uma vez que nessa interpretação parece haver uma implicação daquilo que Javé *será para Israel.* Isto é, por que atos de misericórdia ou de julgamento pretende Ele, imperscrutavelmente, se manifestar em Israel e estar presente em seu meio.

Semelhante a essa, há outra interpretação muito simpática. "Sou Aquele *que ama apaixonadamente.*" Repousa essa interpretação numa hipótese linguística sobre a qual não nos deteremos aqui. Finalmente, Von Rad se inclina para a mais satisfatória interpretação à luz dos estudos escriturísticos atuais: "Sou Aquele que está Presente" ou, talvez, "Sou Aquele que estará Presente" (quando surgir a crise no Egito).

Está isso de acordo com o contexto – Êxodo 3,12 – em que o Senhor, ao enviar Moisés para o Egito, diz: "Eu estarei contigo". Mas não há mais redundância. Javé declara que *estará* presente porque Ele é Aquele que *está* presente. Não que sua presença seja uma necessidade metafísica. É, sim, um fato religioso e transcendente de caráter realmente único. Moisés está consciente da realidade, inteiramente extraordinária e gratuita, da presença de Deus diante dele aqui em Horeb. Isso constitui, em si, e implica uma promessa da mesma presença e poderosa proteção no futuro. Assim, a realidade da presença de Javé é percebida, não por uma intuição, mas pela fé e pela esperança teologais. Pertence, portanto, não à ordem filosófica, não é uma consciência da *natureza,* é uma *relação pessoal* de uma espécie eminentemente religiosa.

Buber o demonstra em sua tradução: "Eu estarei lá, como o *Eu* que ali estará".

Se, à primeira vista, esta escolha de traduções parece gerar confusão, não precisamos perder tempo procurando selecionar uma única com exclusão das demais. Todas têm boas possibilidades; assim, o melhor que o leitor médio tem a fazer, em relação a essa passagem da Bíblia, é tomá-las todas em conta, considerando-as aspectos complementares de um conteúdo oculto que, sem dúvida, excede a todas. O próprio fato de haver essas diferentes interpretações, com suas diversidades e elementos comuns, indica uma revelação primitiva de Deus extremamente nítida e poderosa, uma experiência que, em seu impacto existencial e espiritual, ultrapassa qualquer outra registrada em qualquer documento a que tenhamos acesso, a não ser as revelações da presença e da ação de Deus radicalmente diferentes no Novo Testamento. O que distingue nossa revelação de todas as outras narrativas das manifestações que Deus fez de si mesmo aos homens é seu caráter especial como sendo *pessoal, existencial* e *livre.*

De modo algum se trata de uma dedução tirada de uma experiência natural. Não é uma consciência de unidade transcendente a que se chegue por uma libertação mística. Está mesmo além do que pode ser descrito no célebre termo de Buber como uma relação "Eu-Tu". É a presença daquele que está presente em um "Nome" que escapa a qualquer elaboração metafísica, porque é a fonte, a raiz e, em certo sentido, a encarnação da teologia. No entanto, não é simplesmente o *conceito-raiz* do qual cresce um sistema teológico. O Nome Javé é a fonte da teologia, no sentido de que é o centro vivo em torno do qual as tribos de Israel se reúnem, naquela unidade que possibilitará a todas "escutar a sua lei" (Sl 77,1) e aprender seus caminhos enquanto celebram as grandes obras de seu poder e inexaurível misericórdia. O Nome Javé é o centro de uma teologia viva porque, quando é invocado, a luz, força, presença, misericórdia e paz de Javé são derramadas sobre seu povo. Clamando pelo Nome de Javé, *vivem* sua teologia ou, antes, a teologia vive e opera neles.

Não devemos, porém, imaginar que isso se reduza a uma doutrina complacente e nacionalística "*Gott mit uns*", uma segura garantia de euforia coletiva, prosperidade e orgulho!

A presença de Javé pode significar uma bênção ou uma punição, misericórdia ou destruição. O Nome vivo e santo do Senhor habita no meio de seu povo como terrível força de juízo. Longe de emprestar seu poder ao povo como meio de alcançar seus acanhados fins políticos, Javé glorifica seu Nome recusando-se a deixá-lo ser um meio quase mágico subserviente à vontade do homem. De fato, chamar pelo Nome de Javé simplesmente para fins próprios apenas seculares é profanar seu Nome à semelhança da mágica. Nesse caso, o Nome de Javé trará destruição sobre seu povo e, no cataclismo, "eles saberão que eu sou Javé".

> Pois o país está repleto de crimes e a cidade está cheia de violências. Farei vir também os mais bárbaros pagãos que se apoderarão de todas as casas; porei termo ao orgulho dos poderosos e os santos lugares serão profanados. É a ruína que está chegando. Procurar-se-á salvação sem que se possa encontrá-la. Sobrevirão desastres sobre desastres, má nova sobre má nova. Pedir-se-ão oráculos ao profeta. Faltará a lei para o sacerdote e o conselho para os anciãos. O rei há de pôr luto, ficará o príncipe cheio de consternação, tremerão as mãos das gentes do povo. Tratá-los-ei de conformidade com o proceder que levaram, julgá-los-ei conforme houverem merecido. Então, *saberão eles que sou eu Javé* (Ez 7,23-27).
>
> Receais a espada; farei que a espada venha sobre vós, oráculo do Senhor Javé. Eu vos farei sair da cidade, atirar-vos-ei às mãos dos estrangeiros, e com rigor procederei contra vós. Tombareis sob a espada, procederei com rigor contra vós, sobre os confins de Israel, e sabereis que eu sou Javé. Esta cidade não será para vós a panela e dentro dela não estareis como carne: é sobre os confins de Israel que eu vos hei de julgar. E conhecereis que eu sou Javé, cujas leis não observais, nem praticais as minhas ordens, pois imitais os costumes dos povos que vos cercam (Ez 11,8-12).

Contudo, ao mesmo tempo, a misericórdia infalivelmente fiel de Javé terá a última palavra. Ainda que Israel possa ter profanado seu Nome entre os gentios (Ez 36,22-23), Ele renovará seu povo, dando-lhes nova vida em seu Espírito, fazendo deles um povo novo e, assim, paradoxalmente, seu "Nome será engrandecido entre os gentios" pela sua misericórdia para com os escolhidos, a quem castigou e, em seguida, trouxe de volta para si.

> Por isso, declara à casa de Israel o que segue: Eis o que diz o Senhor Javé: Não é por vós que faço isto, ó israelitas, mas por honra do meu santo nome que profanastes entre os pagãos, aonde tínheis ido. Quero manifestar a santidade do meu augusto nome, que aviltastes, profanando-o entre as nações pagãs, a fim de que conheçam, por elas, que eu sou Javé – oráculo do Senhor Javé –, quando sob seus olhares eu houver manifestado a minha santidade em relação a vós. Eu vos retirarei de todos os países e vos conduzirei sobre o vosso solo. Derramarei sobre vós águas puras que vos purificarão de todas as vossas imundícies e de todas as vossas abominações. Dar-vos-ei um coração novo, e em vós porei um espírito novo; tirar-vos-ei do peito o coração de pedra e dar-vos-ei um coração de carne. Dentro de vós porei meu espírito, fazendo que obedeçais às minhas leis e sigais e observeis meus preceitos. Habitareis o país de que fiz presente a vossos pais; sereis o meu povo e serei vosso Deus. Purificar-vos-ei de todas as vossas imundícies. Farei vir o trigo, farei que produza com abundância e isentar-vos-ei da fome. Farei abundar os frutos das árvores e a colheita dos campos, a fim de que não tenhais mais que sofrer entre as nações a vergonha da fome. Então, lembrando-vos de

> vosso perverso proceder e de vossas ignóbeis ações, tomareis vós mesmos desgosto por causa de vossas iniquidades e de vossas abominações. Não é por vossa causa que faço isso – oráculo do Senhor Javé, sabei-o bem. Tende vergonha, enrubescei-vos por causa de vosso comportamento, ó casa de Israel! (Ez 36,22-32).

O tema do Nome de Javé, que se torna conhecido dos gentios, e os seus louvores a ressoarem até os confins da terra é uma das principais mensagens do Dêutero-Isaías (Is 65,1; 56,1-7;60; cf. Mq 4,1-5). Aqui, começamos a ver as implicações escatológicas do Nome de Javé que se fará conhecer claramente a seus inimigos, no julgamento, após um período no qual não foi mais invocado (Is 64,2-7) mesmo em Israel. Então, seu Nome será "grande entre os gentios" (Ml 1,11). No magnífico capítulo 60 de Isaías e na liturgia da Epifania, vemos todas as nações emergirem das trevas para a luz radiante de Javé, que desponta sobre Jerusalém. São a ela atraídos "por causa do Nome de Javé vosso Deus e por causa do santo de Israel que vos glorificou" (Is 60,9). No entanto, essa volta da luz do Nome divino pressupõe um período de obscuridade, ausência e silêncio, quando mesmo o povo de Deus parece não ser seu povo (Os 1,9).

Mas, em todo caso, é por causa do seu Nome que Javé finalmente se mostra misericordioso (Is 48,9-10), pois somente assim é Ele plenamente fiel à promessa contida na revelação primeira de si mesmo como o sempre presente e fiel doador do amor redentor e compassivo (*hesed*). Assim, o Nome de Javé, uma vez revelado, é uma promessa permanente de misericórdia e salvação; pois, revelando Seu Ser e dando Seu Nome para ser invocado, Javé se compromete, em certo sentido, a salvar um mundo no qual seu Nome está presente. E porque o Nome de Javé está presente no mundo, mesmo em silêncio quando Ele é "esquecido" pela maioria dos homens, permanece como uma chama adormecida, ao mesmo tempo de julgamento e de misericórdia, pronta a se reavivar no momento determinado por seus desígnios inescrutáveis e salvíficos. Esse ponto culminante da história da salvação, quando o Nome do Senhor ressoar até os confins da terra e for saudado pela resposta do louvor universal, o *aleluia* das nações, é o *Dia do Senhor*, o *Dia de Javé*.

No começo, toda a terra ficará silenciosa diante dele (Sf 1,7), depois, a "palavra do Senhor" descerá sobre todas as nações (Sf 2,5 etc.) para julgar e purificar o mundo confrontando os falsos profetas que invocam seu Nome sem obedecer à sua vontade, destruindo os falsos deuses e o poder das cidades mundanas (Sf 3). Mas, finalmente, "no dia de sua ressurreição", o Senhor dará a todas as nações a possibilidade de invocar seu Nome com um culto puro e numa verdadeira unidade construída em torno do "resto" dos pobres, os *anawim* permanecendo como uma espécie de núcleo de santidade, porque continuavam a confiar em seu Nome quando todos o haviam esquecido. "Por isso esperai-me – oráculo de Javé – até o dia em que me levantarei como testemunha. Porque resolvi congregar as nações e reunir os reinos para descarregar sobre eles o meu furor, todo o ardor de minha cólera; porque toda a terra será devorada pelo fogo de meu zelo."

> Então darei aos povos lábios puros
> para que invoquem todos o Nome de Javé,
> e o sirvam num mesmo espírito de zelo.
> De além dos rios da Etiópia
> virão os meus adoradores, meus filhos dispersos,
> trazer-me a sua oferta.
> Naquele dia, não serás mais confundida
> por causa de todos os pecados que cometeste
>   contra mim,
> porque então tirarei do meio de ti
> teus fanfarrões arrogantes;
> não te orgulharás mais
> no meu monte santo.
> Deixarei subsistir no meio de ti
> um povo humilde e modesto,
> que porá sua confiança no nome de Javé.
> Os que restarem de Israel se absterão do mal,
> e não proferirão a mentira;
> não se achará mais em sua boca
> língua enganosa,
> porque serão apascentados e repousarão
> sem haver quem os inquiete (Sf 3,8-13).

> Tu cantarás esta sátira contra o rei de Babilônia,
>   e dirás:
> O Senhor Javé despedaçou o bastão dos
>   perversos
> e o cetro dos opressores.
> Ele feria os povos com fúria,
> vibrando golpes sem interrupção,
> e governava as nações com brutalidade,
> subjugando-as sem piedade... (Is 14,4-6).

Não é de admirar que se encontrem esses mesmos temas novamente no Apocalipse, onde a confiança no Nome do Senhor é o que dá aos mártires a fortaleza de permanecerem fiéis nas grandes tribulações finais (cf. Ap 2,3;13 etc.). Contudo, ao mesmo tempo, a perseguição é desencadeada contra eles precisamente por causa do Nome do Senhor, *propter nomem meum* (Jo 15,21). Daí a fidelidade dos mártires estar resumida na expressão "conserva firmemente o meu Nome" (Ap 2,13; cf. 3,11). A vitória da fé é recompensada pelo Nome do Senhor gravado sobre o vitorioso, que se torna uma coluna na cidade de Deus (Ap 3,12; 14,1).

Qual é o "Nome" que é assim invocado e honrado nas visões do Apocalipse do Novo Testamento? É o Nome dado por José ao Filho de Maria, por ordem do anjo (Mt 1,21). Je-shuah, *Javé salva,* ou, na forma que nos é familiar: Jesus. Assim, o Nome que, em hebraico, se diz ser "herdado" pelo Verbo Encarnado, é o mesmo "Eu sou" revelado a Moisés, presente no meio do povo de Deus, através da história da Salvação. Por isso é que Jesus disse "Antes que Abraão fosse, *eu sou*" (Jo 8,58). A fé cristã vê, portanto, na *Pessoa* de Jesus a presença verdadeira e viva do Nome inefável.

[1962]

"In silentio"

Uma nota sobre a oração monástica

"No princípio, diz o Gênesis, a terra estava informe e vazia, e as trevas cobriam as profundezas da terra. E o Espírito de Deus pairava sobre as águas. E Deus disse: *Faça-se a luz!* E a luz foi feita".

Nessas misteriosas palavras, que narram os inícios do mundo, os Padres da Igreja viam também a expressão simbólica de uma criação espiritual e do começo de uma vida espiritual em seres inteligentes criados para contemplar a Deus. O espírito do homem é um vácuo natural que espera pelo Espírito de Deus. É um espaço profundo que permanece um caos, até que o Espírito Criador de Deus paire sobre ele, e até que a luz perfeita seja derramada em suas profundezas transparentes, pela presença da Palavra, despertando o homem à liberdade espiritual.

Assim que Adão, nosso primeiro pai, recebeu o ser, essas profundezas espirituais ficaram repletas e iluminadas pela presença de Deus. Sabendo logo que Deus era seu Pai, Adão viu também, pelo mesmo ato, que "a luz era boa" e separou a luz das trevas; a ordem, do caos; a liberdade, da escravidão da paixão. Ele sabia distinguir o real do irreal. Conhecia sua própria identidade, como um espírito saído da mão criadora de Deus e vivendo em

Deus, destinado a mergulhar, pela liberdade de Deus, nas profundezas infinitas da luz divina. Nesse reconhecimento, conhecia ele também todas as outras verdades que a ele concerniam como filho de Deus. Assim, não necessitava de conhecer o mal, porque o mal não lhe dizia respeito. O filho de Deus não precisa de conhecer o mal, uma vez que Deus, seu Pai, não conhece o mal. Tampouco há necessidade de liberdade para conhecer aquilo que a aperfeiçoa – e o mal (moral, espiritual) é uma corrupção e uma frustração da liberdade.

Mas, quando o primeiro homem escolheu espontaneamente a experiência do mal e entregou sua liberdade a uma ilusão, mergulhou sua luz nas trevas. Sua alma tornou-se um vácuo, um abismo, um nada, e a noite desceu sobre as profundezas de seu espírito. No entanto, no meio das trevas, Ele permaneceu faminto de luz. No caos, seu espírito tinha ainda sede de ordem e paz. E, em seu nada, não podia senão aspirar a *ser*, a possuir a liberdade espiritual e uma verdadeira identidade. Assim, o homem clamava pela luz da qual havia fugido. E o Espírito de Deus pairava sobre ele. Quem, entretanto, poderia compreender esse pairar? Seriam essas as asas de um protetor ou de um vingador? Era Deus amigo ou inimigo? As leis que dera aos homens, emanadas do seio de sua impenetrável inacessibilidade, não ofereciam resposta satisfatória.

Na plenitude dos tempos, quis Deus revelar sua resposta a esta pergunta. Quis mostrar aos homens sua bondade e sua misericórdia. Provaria que nunca cessara de amar seu filho errante. E, para tornar isso evidente, Ele próprio veio procurar o filho incapaz de a Ele voltar. Assim, enviou Deus sua própria Luz, sua Palavra, seu Filho único ao mundo por Ele criado. Portanto, mais uma vez, separou a luz das trevas e recobrou o que era dele.

Quando Jesus desceu às águas do Jordão, o Espírito de Deus mais uma vez pairou sobre as águas e houve uma nova criação. As trevas que cobriam a face do abismo, a imagem de Deus na alma do homem, foram ainda uma vez dissipadas. E o Espírito, pairando não só sobre as águas, mas precisamente sobre o Filho de Deus, quando Jesus emergia das águas purificadas, fez ouvir aos homens a voz do Pai invisível, dizendo do céu: "Este é meu Filho muito amado no qual pus minhas complacências" (Mt 3,17). Que sucedeu, então? Jesus foi levado imediatamente pelo Espírito ao deserto, para ser tentado pelo demônio.

Aqui, na linguagem simbólica das ações divinas narradas nas Escrituras, temos o sentido da palavra "vocação", e, especialmente, da vocação monástica. A vocação monástica é um carisma espiritual, um chamado à vida de consagração, de provação, de combate solitário, de obediência ao Espírito Santo, numa luta escatológica entre a luz e as trevas. O monge também, batizado e marcado com o selo do Espírito da Promessa, imita os Patriarcas, os Profetas e o próprio Jesus, numa vida de deserto, renunciando ao mundo dos homens, suas preocupações e ambições, não para afirmar-se e aperfeiçoar-se espiritualmente, mas para servir a Deus submetendo-se à provação e à purificação, de maneira que sua mais íntima liberdade possa ser aperfeiçoada na verdade.

O monge é um homem do paraíso, e se consagra a Deus por um voto solene e perpétuo, a fim de passar toda a sua vida cultivando o Éden espiritual, a "nova criação" de espaço e luz maravilhosamente efetuada por Deus através da Encarnação, Paixão e Ressurreição de Seu Filho. O monge é alguém que, pela penitência, austeridade, solidão, silêncio, renúncia, se impede de esquecer que a terra de sua alma é "informe e vazia". Pela oração, a fé e a contemplação, ele preserva "a face do abismo", que é sua alma, dos fulgores ilusórios da sabedoria meramente humana. E, penetrando com Cristo no deserto, luta com o mal que está no mundo em razão do pecado do homem. Assim como Adão recebera a tarefa de cultivar o paraíso e de guardá-lo, o monge, fortalecido pela presença invisível de Cristo, toma sobre si a tarefa aparentemente sem esperança de cultivar o deserto, as vastidões arenosas do espírito humano privado de Deus. O Espírito paira sobre as vastidões incultas dando-lhes fertilidade. E a Palavra arma Sua tenda no mundo do homem.

A vocação monástica é, portanto, por sua própria natureza, um chamado ao deserto, porque é um chamado a viver na esperança. O monge continua a longa tradição de esperar e de ter esperança, o longo Advento dos patriarcas e profetas: Advento que prolonga nossa expectativa, ainda que o Salvador já tenha vindo. Pois, embora Jesus tenha salvado o mundo, as águas fecundas dos quatro rios do Paraíso, tornadas novamente acessíveis pela Cruz, ainda não foram derramadas sobre toda a humanidade. Mesmo nas almas dos batizados ainda há tanta coisa infecunda, tanta escuridão, tanto vazio, tanta aridez! O monge deixa o mundo, retira-se para o deserto, a floresta, as montanhas, as praias solitárias. E, ali, descendo pela oração até os espaços vazios de seu próprio espírito, espera a realização das promessas divinas: "A terra que estava desolada e sem caminhos se alegrará, e o deserto rejubilará e há de florescer como o lírio" (Is 35,1).

O monge é um homem de tristeza, um homem descontente com toda ilusão, consciente de sua pobreza, impaciente por se evadir, que procura as realidades mas que só o deserto pode revelar. Mas o monge é, também, um homem de alegria, um homem em paz com o vazio do deserto, contente com suas próprias limitações, amando a realidade como a encontra e, portanto, seguro em sua humildade. É um homem ao mesmo tempo de alegria e de tristeza, porque é um homem de desejos. E, porque vive de pura esperança, já penetrou no segredo que Cristo ensinou aos seus escolhidos: que a esperança nos dá, ainda na terra, a posse segura de nossa herança, e que é essa posse? É a sabedoria pela qual encontramos a Deus no Mistério do seu Cristo. É a sabedoria concedida por seu Espírito aos que tudo abandonaram para segui-lo – é a sabedoria da Cruz. Por essa sabedoria, os olhos de nossa mente são iluminados não por uma ciência especulativa, mas pelo conhecimento obscuro, existencial, nascido do amor cujos olhos penetram o sentido íntimo da fé oferecida a nós na Cruz de Cristo. Esse dom da sabedoria amorosa cuja pobreza lhe empresta uma visão que penetra o mistério de Deus é o que São Paulo denomina "o espírito da sabedoria e da revelação no conhecimento profundo dele... para que possais conhecer qual é a esperança do seu chamado, quais as riquezas da glória de sua herança nos santos, e qual é a imensa grandeza de seu poder em relação a nós que acreditamos" (Ef 1,17-19).

Essa sabedoria não é nenhum segredo esotérico que possa ser descoberto por técnicas estranhas e ardorosas. Não pode ser alcançada por macerações ascéticas. Não pode ser aprendida unicamente pela inteligência do homem. Está oculta em Deus, pois ninguém sabe quem é realmente Deus, exceto o próprio Deus e aqueles a quem Ele se revela.

Essa sabedoria que (como diz o profeta) os "gigantes não puderam descobrir", e que os espíritos angélicos não podem reivindicar como tendo sido por eles adquirida, está mais oculta do que os veios de ferro e ouro que têm suas origens nos profundos recessos da terra. A fonte da sabedoria, da qual todos os homens desejam beber (pois todos os homens desejam a felicidade, e a sabedoria é a felicidade do homem), não pode ser descoberta pela vara de condão do adivinho. Quem dirá ao homem o caminho que leva a essa fonte escondida que jorra da mais intima essência das coisas?

> As profundezas disseram: Não está em mim, diz o mar, não está em mim... está oculto aos olhos de todos os vivos e os pássaros do ar não

> o sabem. A morte e a destruição disseram: com nossos ouvidos, nós ouvimos a sua fama (Jó 28,14; 21,22).

E, no entanto, paradoxalmente, essa sabedoria clama nas ruas e espera pelos homens, chamando-os e acenando para eles na praça do mercado. Mas os homens passam ao largo, sem encontrar a sabedoria. Pois, para encontrá-la, têm de esconder seus mandamentos no coração (Pr 2,1), pelo fato de "guardá-los". Pois isso significa não só deles se lembrar, mas torná-los parte do próprio ser, fazendo o que ordenam.

A sabedoria de Deus proclamada pelos apóstolos "num mistério" é uma sabedoria oculta, mas revelada pelo Espírito Santo, e o próprio Espírito está oculto. Nem pode sua voz ser ouvida pelos ouvidos.

Impossível fugir ao paradoxo: a sabedoria se manifesta e, no entanto, está oculta. Quanto mais se esconde, mais se manifesta, e quanto mais se manifesta, mais se esconde. Pois Deus é conhecido quando é apreendido como desconhecido, e é ouvido quando temos consciência de que não conhecemos o som de sua voz. As palavras que Ele profere são palavras cheias de silêncio e são uma isca para atrair-nos ao silêncio. As verdades que Ele manifesta são escondidas e sua função é esconder-nos com elas em Deus, de quem procedem. Se escondermos os preceitos de Sua Sabedoria em nosso coração – preceitos de humildade, mansidão, caridade, renúncia, fé, oração – eles mesmos nos esconderão n'Ele. Pois os valores que essas virtudes nos comunicam, a vida que elas nos dão, acham-se completamente ocultas aos olhos dos homens. Levam-nos à fonte de uma vida desconhecida à sabedoria natural do homem, e, contudo, dessa fonte procede a própria natureza do Homem, é nutrida e sustentada. Assim, as coisas ocultas que nos são comunicadas nas palavras e preceitos do Evangelho transformam nossas vidas, elevando-as do nível do conhecimento distinto e da clara evidência, da prudência natural e da simples prática, a outro nível, que está oculto e obscuro à mente do homem.

Qual o efeito desse escondimento? Para alguns, parece ignorância e desespero. Mas para aqueles para os quais é uma vocação, esse silêncio de Deus é uma *docta ignorantia*, uma ignorância sábia, um "desespero" que é o disfarce da perfeita esperança. A esperança também está oculta no silêncio.

Ser arrancado do mundo dos homens pelo silêncio de Deus não significa, afinal, ter encontrado um novo e misterioso universo no qual habitar, mas sim que o velho e comum universo, com toda a sua pobreza cotidiana e seu encanto, embora permanecendo perfeitamente comum, real e pobre, se transfigura por inteiro pelo silêncio que é a suprema e infinita "pobreza" de um Deus infinitamente rico e generoso!

Formados pela disciplina de uma sabedoria oculta, os monges se tornam, também, escondidos como a própria sabedoria. Permanecem nesta vida mortal, mas sua vida já está escondida com Cristo em Deus, e sua cidadania está no céu. Não esperam ser compreendidos pelos homens, porque eles mesmos não se entendem perfeitamente. Estão conscientes de que seu silêncio constitui um certo problema e um escândalo para os que porventura o notam. Mas não podem explicar plenamente a ninguém esse mistério. Eles próprios participam demais do mistério do silêncio para poderem formular uma apologia de suas próprias vidas. Como a sabedoria, eles se manifestam permanecendo escondidos.

Por isso é que é muito importante lembrar-se de que o monge, o solitário, não pode explicar-se a si mesmo claramente ao resto do mundo, e será muito tolo se tentar fazê-lo. Que tragédia para o monge expor o que ele concebe ser uma explicação facilmente compreensível, clara e definitiva de sua vida monástica, pois sua vocação é estar escondido em Deus! Isso significa ter ele cometido o engano de se convencer de que compreende o mistério de sua vocação. Será que, realmente, a compreende? Então, não há mais mistério! E, se não há mais mistério, não seremos talvez forçados a declarar não haver mais vocação?

Que é a vocação monástica? O monge é chamado a penetrar no escondimento e no silêncio de Deus. Pensa ele saber o que isso significa? No início, talvez creia que não sabe ainda tudo a respeito de sua vocação, em breve, no entanto, pensa ele, saberei tudo. Todavia, compreender a vocação monástica não é simples questão de engolir o que foi escrito nos livros sobre isso – mesmo pelos santos. As palavras são apenas o limiar do mistério. E o silêncio do amor de Deus, escolhendo uma alma para essa estranha vida escondida nele, é um oceano por demais vasto para ser sorvido pelo ser humano.

Assim, conquanto todo monge se recorda, desde os dias do seu noviciado, dos conceitos e das explicações que parecem "conter" o sentido de sua vocação, com o correr do tempo, à medida que ele penetra mais profundamente em sua vocação, toma consciência de ter perdido pé e de não poder mais ser sustentado com firmeza por nenhum conceito, nenhuma fórmula, por mais tradicionais ou sagradas que sejam. Se o monge não consegue explicar a si próprio sua vocação, como poderá explicá-la a outros?

A vida monástica não pode ser definida por nenhuma de suas partes. Não pode ser reduzida a um de seus aspectos, do mesmo modo que a vida de qualquer organismo vivo não pode ser plenamente explicada por uma só das funções vitais que esse organismo executa. O homem é um animal racional, dizem. Mas ele não existe apenas para crescer, comer, trabalhar, pensar ou mesmo amar. Ao contrário, o crescimento, a nutrição, o trabalho, o pensamento e o amor, todos se unem para promover e aumentar a profundeza existencial daquela misteriosa realidade que é a pessoa, que é um ser concreto, livre e inexplicável, dotado de poderes cujas profundezas nenhum espírito, a não ser o de Deus, poderá jamais sondar. A pessoa humana é, portanto, um ser criado livre, com capacidades que só podem ser realizadas pela visão de um Deus desconhecido. E o monge é uma pessoa que não conseguiu resistir à necessidade de procurar esse Deus desconhecido, no escondimento e no silêncio de sua imperscrutável sabedoria.

Toda a substância da vocação monástica está, pois, mergulhada no silêncio onde Deus e a alma se encontram não como objeto e sujeito, e sim como "um Espírito". A própria essência do monaquismo está escondida na escuridão existencial da própria vida, e a vida é inexplicável, irredutível a termos sistemáticos. Só pode ser compreendido o monaquismo se for vivido. O mais que possamos dizer é que o monge é alguém que se adiante até as fronteiras da liberdade e da existência, à procura do impossível – à procura da visão que homem algum pode ver sem morrer. Entretanto, essa ideia deve ser imediatamente corrigida, pois é, ao mesmo tempo, exagerada e enganosa. Porque, quando o monge consegue alcançar um certo grau de sabedoria, toma consciência de que já encontrou a Deus, tornando-se misteriosamente néscio. E, aí, o círculo se fecha e começa a vida monástica.

A terrível aspiração humana que se estende por cima do abismo se acalma. O terror de Deus está tão além de qualquer terror concebível que cessa de apavorar e torna-se, repentinamente, amável. Então, tem enfim início a consolação absolutamente incrível na qual penetramos pela porta de um aparente desespero. É a convicção profunda, tão impossível de ser explicada como de ser resistida, de que nas profundezas de nossa inutilidade e inanidade somos um com Deus. Aquele que está unido ao Senhor é um só espírito. Nós o encontramos no abismo de nossa própria pobreza – não numa noite horrível, nem numa trágica imolação, mas simplesmente na realidade comum e desinteressante de nossa vida cotidiana.

Então, no profundo silêncio, a sabedoria começa a cantar seu cântico interminável, ensolarado, inexprimível. É o canto íntimo que ela canta para a alma solitária. É o canto de ambos – o canto único e insubstituível que cada alma canta para si com o Espírito desconhecido, sentada sobre o degrau da porta do seu próprio ser, o lugar onde sua existência se abre sobre o abismo da liberdade sem nome e ilimitada, de Deus. É o cântico que cada um de nós deve cantar, o cântico da graça que Deus mesmo compôs para cantá-lo conosco, é o canto de sua misericórdia para *conosco*, e, se não o escutarmos, jamais será cantado. E, se não nos unirmos a Deus para cantar esse cântico, nunca seremos plenamente reais, pois é o canto de nossa própria vida, borbulhando como um regato a brotar do íntimo do amor criador e redentor de Deus.

Ora, o canto de cada homem, cantado por ele em segredo com o Espírito de Deus, se funde também com as notas de cada um dos outros cantos não ouvidas. As vozes de todos os homens que amam a Deus, os vivos e os mortos, os que estão sobre a terra e os que sofrem no lugar da provação, os que já penetraram no lugar da vitória e repousam: essas vozes todas formam um grande coro, cuja música só é ouvida nas profundezas do silêncio, por ser mais silenciosa do que o próprio silêncio.

[1955]

Comunidade de perdão

1.

Deus se revela ao mundo no Cristo místico, a Igreja, que é a comunidade dos que estão reconciliados com o Pai em Cristo, porque estão unidos uns aos outros no Espírito Santo. Se a unidade dos cristãos em Um Corpo torna a Igreja um sinal de Deus no mundo, e se os homens tendem, infelizmente, ao conflito e à divisão, em razão de sua fraqueza, egoísmo e pecado, então a vontade de reconciliação e perdão é necessária para que a Igreja torne Deus visível no mundo. Nem pode esse perdão, essa comunhão no perdoar permanecer interior e invisível. Tem de ser nitidamente manifestado. Assim, o mistério da Igreja exige que os cristãos se amem misticamente, de maneira visível e concreta – e que amem a todos os homens.

Cristo não estará visível ao mundo em sua Igreja senão na proporção em que os cristãos procurarem a paz e a unidade uns com os outros e com todos os homens. Mas, como o conflito é inevitável, a unidade não pode ser mantida sem grande dificuldade. Exige constantemente renovado sacrifício, honestidade lúcida, abertura, humildade, prontidão em pedir perdão e em concedê-lo. A vida cristã é uma perpétua conversão, um voltar-se para Deus e para a Igreja do perdão.

Na medida em que a Igreja é uma comunidade de perdão, é também uma epifania do amor divino, um ágape: o amor que envolve o mistério da criação e da redenção. Esse amor é a chave de tudo. Não pode, contudo, ser descoberto ou compreendido apenas pela investigação racional. Tem de ser revelado aos homens por um dom gratuito de Deus. É-lhes revelado no dom do amor. Quis Deus que os homens o conhecessem não por segredos esotéricos e estranhas filosofias, mas pelo anúncio da mensagem evangélica que é a mensagem do amor. "Este é o meu mandamento, que vos ameis uns aos outros como eu vos amei" (Jo 15,12). "Não fostes vós que me escolhestes, mas fui eu que vos escolhi e vos enviei para que fôsseis e désseis fruto... Essas coisas vos digo para que vos ameis uns aos outros" (Jo 15,16-17). O amor dos cristãos, ordenado por Deus e por eles realizado, torna-os "a obra de Deus" (Ef 2,10).

Isso é mais do que uma mensagem; pois, se permanece apenas uma questão de palavras, não pode ser plenamente recebida e compreendida. A palavra do Evangelho só é compreendida quando obedecida. É conhecida daqueles que se esforçam por praticá-la. No entanto, é, também, mais do que uma doutrina moral que possa ser pregada pelo exemplo. Receber a palavra do Evangelho, o *kerygma* do amor de Deus pelo homem, em Cristo, do dom que Deus faz de si mesmo ao homem, em Cristo, é penetrar na comunhão de amor vivo e ativo que se tornou o centro da história da salvação. Essa comunhão é um mistério religioso profundo, pois é participação não só num amor natural do homem por seu irmão, mas no amor de Deus pelo homem pecador, como está revelado no mistério da Cruz e da Ressurreição de Jesus Cristo.

Para penetrar plenamente nesse mistério é preciso receber o Espírito Santo, que é o amor de Deus (1Cor 2, 10-12). O Espírito Santo habita na Igreja, comunicando vida a todos os que vivem em Cristo como membros de Sua Igreja. O Espírito Santo comunica luz e amor aos que são iluminados pela palavra do Evangelho e que procuram a verdade e a vida em Cristo Jesus. O Espírito Santo, que é o laço de união entre o Pai e o Filho, o é também entre os fiéis que foram reconciliados com o Pai através do Filho, e uns com os outros na Igreja.

Antes de sua morte na Cruz, Jesus disse a seus discípulos que em breve viria a eles, não visivelmente, mas no Espírito Santo, e neles permaneceria no Seu Espírito. "Não vos deixarei órfãos. Eu venho a vós. Ainda um pouco de tempo e o mundo já não me verá. Mas vós me vereis porque eu vivo e vós vivereis. Naquele dia conhecereis que eu estou em meu Pai e vós em mim e eu em vós" (Jo 14,18-20). "Quando vier o Paráclito (o Consolador, o Advogado), que eu vos enviarei do Pai, o Espírito de verdade que procede do Pai, ele vos dará testemunho de mim" (Jo 15,26-27).

Assim como Cristo passou da morte à vida no Espírito, assim também o cristão segue a Cristo em seu mistério Pascal através da morte para a vida. O pecado é perdoado, o homem redimido, não pela destruição e punição da liberdade do homem, mas por sua purificação.

É precisamente em sua *liberdade* que o homem aceita o poder redentor da Cruz. É a liberdade do homem que está pregada à Cruz com Cristo e ressurge para uma vida nova no ágape cristão. Quer isso dizer que cada indivíduo renuncia ao que é puramente egoísta e confessa seu erro, de maneira a encontrar-se no novo plano de reconciliação em Cristo. Todavia, ninguém confessa sinceramente seu pecado sem, ao mesmo tempo, perdoar a seu irmão (Mt 18,23-35). O perdão dos pecados é proclamado ao mundo em Cristo e é concedido a cada um daqueles que, no ato da procura do perdão, perdoa ele próprio aos outros, tornando-se um instrumento da divina misericórdia. Sem amor, não pode o pecado ser perdoado e sanado, pois todo pecado é, na raiz, uma recusa de amor. Por maior que possa ser nosso pecado, será perdoado quando consentirmos em amar (Lc 7,47). O sacramento da penitência está instituído como sinal visível dessa reconciliação. Por isso se requer que o recebamos antes de voltarmos do pecado mortal à comunhão eucarística, sinal de nossa vida no amor de Cristo.

O Evangelho é, portanto, uma mensagem de reconciliação no Espírito de amor. Os que recebem o Espírito Santo são reconciliados com Deus e uns com os outros no amor. A finalidade máxima da vida é, pois, receber o Espírito Santo, viver pelo Espírito de Cristo, possuí-lo a viver e agir em nossos corações (Jo 7,37-39). E para isso é que o Espírito desperta em nossos corações a fé em Cristo e nos atrai à Igreja, Corpo vivo de Cristo. Quando vivemos como membros de Cristo, recebemos o Espírito Santo. Os sacramentos da Igreja fazem-nos participar da vida do Espírito. A fé desperta essa vida em nossos corações. O amor é a garantia de que a vida do Espírito cresce em nós. Aquele que confessa a Cristo e ama seu irmão, que se esquece a si mesmo a fim de ajudar a seu irmão e dedica sua vida à verdade do Evangelho, vive e cresce no Espírito. O amor é o sinal do Espírito Santo operando na Igreja e no mundo.

> ... todo aquele que ama nasceu de Deus e conhece a Deus. Quem não ama não conheceu a Deus, porque Deus é amor. Eis como se manifestou, entre nós, o amor de Deus: enviou ao mundo seu Filho único, a fim de que vivamos por Ele. Nisto consiste seu amor: não fomos nós que amamos a Deus, mas foi Ele quem nos amou e enviou seu Filho como vítima de propiciação pelos nossos pecados. Caríssimos, se Deus nos amou assim, também nós nos devemos amar uns aos outros. Ninguém jamais contemplou a Deus. Mas, se nos amarmos uns aos outros, Deus permanece em nós e seu amor atinge em nós a perfeição. A prova pela qual reconhecemos que permanecemos nele e Ele em nós, é que Ele nos deu seu Espírito (1Jo 4,7-13).

Mas ainda não somos perfeitos no amor. Enquanto permanecemos na terra, somos pecadores e imperfeitos. Ainda que o Espírito Santo habite nos corações de todos que têm fé em Cristo e procuram observar seu mandamento de amor, existe em seus corações a capacidade e mesmo a tendência para o pecado. Não só isso, mas os que amam sinceramente a Deus podem ainda, por fraqueza, erro, confusão e infidelidade, cair no pecado. Este é, de fato, o grande problema e escândalo da fragilidade cristã. Contudo, não deveria ser um escândalo. Torna-se um escândalo quando a verdadeira natureza da Igreja como comunidade de perdão e reconciliação é obscurecida e substituída pela ideia de uma Igreja que salva os pecadores sem ser ela própria composta de homens capazes de pecar, ou, de fato, pecadores.

Certamente, existem as parábolas evangélicas que mostram a Igreja constituída de trigo e de joio, de virgens prudentes e loucas. No entanto, não é isso o mesmo que dizer que a Igreja está dividida em duas *classes* facilmente reconhecíveis, de santos e de pecadores – como se alguém estivesse mais ou menos predestinado a viver uma vida claramente definida, de santo ou de pecador. Não há dúvida que existem, na Igreja, homens e mulheres, tanto religiosos como leigos, que vivem santamente, evitando todo pecado sério. É obrigatório a todos os cristãos procurar viver sem pecado. Contudo permanece o fato de que, por mais virtuosos que possamos ser, nossas virtudes não nos libertam de nossa condição de "pecadores" que muitas vezes falham, erram, cedem à fragilidade ou se deixam enganar pelas aparências do bem. Nenhum homem é infalível ou impecável. Todos nós precisamos da misericórdia de Deus, precisamos todos do perdão e do amor do nosso próximo.

Além disso, todos têm *consciência,* ou deveriam ter consciência, dessa fragilidade e falibilidade de que sofrem. Todos deveriam *sentir*, nas profundezas do coração, a presença acusadora do nada e da morte, que desmente a imagem vã de si mesmos e seus projetos tolos e sem consistência, de felicidade, centralizados em si mesmos. Em realidade, a vida daqueles que viveram verdadeiramente perto de Deus nos tem ensinado que os santos são os que, mais do que quaisquer outros, sentiram em si mesmos o mal do pecado e a necessidade do perdão.

A Igreja militante é, pois, composta inteiramente de homens que se reconhecem pecadores, necessitados de reconciliação e perdão, e não de duas classes impossíveis: os que se tornaram impecáveis e podem julgar os outros, e os que estão tentando (ou que deveriam tentar) tornar-se impecáveis para não serem mais julgados pelos perfeitos.

Mas para onde há de voltar-se o pecador para encontrar o perdão? Evidentemente, para Deus. E a primeira coisa a fazer é procurá-lo nas profundezas de nosso coração, pedindo perdão por nossos pecados. Entretanto, a consciência cristã, iluminada pelo Espírito Santo, nos adverte que esse movimento interior de arrependimento no íntimo do coração – de maneira privada –, embora essencial, não basta em si mesmo. Pois o pecado não é algo de puramente individual, nem o é tampouco o perdão. Por mais privados que possam ser os pecados, permanecem algo que diz respeito a todos, porque todos são atingidos pelo mal que está no coração de um só! Não é possível a alguém viver tão separado dos demais que seu egoísmo secreto e seu pecado não afetem os outros. Estamos envolvidos na vida uns dos outros – não por escolha mas por necessidade, pois assim fomos feitos. Ninguém pode pretender ser bem-sucedido vivendo sua vida puramente privada, num universo à parte, e permanecer são. A própria condição da vida humana normal é comunidade, comunicação e "conversação", no velho sentido latino de *conversatio*, trocas no plano da vivência social. As vidas de todos os homens estão inextricavelmente ligadas, e a salvação e a condenação das almas estão envolvidas nessa comunicação inevitável de liberdades. Ou nos amamos e nos ajudamos uns aos outros, ou nos odiaremos e agrediremos uns aos outros. Talvez Sartre não estivesse muito errado ao dizer que, onde se abusa da liberdade, a própria sociedade se torna um inferno ("*L'enfer c'est les autres*").

O centro da mensagem cristã é precisamente reconciliação no Espírito de amor, de maneira que a comunhão na liberdade se torna comunhão na beatitude. Nesse caso, o céu é comunhão com "outros".

Portanto, possui a Igreja um grande dom de Deus no sacramento de penitência. O pecador confessa seu pecado a outro homem que o ouve em confissão, não como um homem, e sim como representante de Cristo, em realidade como Cristo. Porque nossos pecados interessam a todo o Corpo de Cristo, eles têm de ser confessados a outro e perdoados por outro, para que nossa reconciliação com Cristo e sua Igreja seja completa. E, nesse sacramento, o Espírito Santo é dado aos que são perdoados. O pecador recuperou a vida em Cristo. Seu espírito é curado pela presença do Paráclito. Pode o pecador voltar ao altar de Deus, renovando sua alegria espiritual no banquete eucarístico.

2.

Devemos procurar a Deus em todas as coisas. Não procuramos, todavia, como se procura um objeto perdido, uma "coisa". Ele nos está presente em nosso coração, nossa subjetividade pessoal. Procurá-lo é reconhecer esse fato. Não podemos, contudo, ter disso consciência como uma realidade a não ser que Ele revele sua presença a nós. Não se revela Ele simplesmente em nosso próprio coração, revela-se a nós através de outros. Revela-se a nós na Igreja, na comunidade dos que creem, na *koinonia* dos que nele confiam e o amam.

Procurar a Deus não é apenas uma operação do intelecto, ou mesmo uma iluminação contemplativa da mente. Procuramos a Deus esforçando-nos por nos entregarmos a Ele, a quem não vemos, mas que está em todas as coisas, através de todas as coisas e acima de todas as coisas.

Procuramos a Deus abandonando-nos à sua vontade. Sua vontade, porém, não é simples questão de decretos arbitrários e leis externas a nós. É a lei do amor implantada em nossa própria natureza e a revelação do amor espiritual na liberdade pessoal. O fruto desse amor é a restauração de todas as coisas em Cristo, a união de todos os seres com Deus, através do homem, pelo exercício da liberdade do homem.

A liberdade do homem é, pois, o instrumento de redenção divina e reconciliação. Essa obra de reconciliação requer a formação de um corpo vivo de homens unidos pelo Espírito de Deus. A obra de Deus é formar um corpo místico vivo, que será seu Filho, o Cristo Único, Cabeça e Membros, no qual todos os membros partilham de um Espírito, uma filiação e são "um Cristo".

Para isso, cada membro tem de passar por uma transformação operada pelo Espírito Santo. Tem de sofrer uma renovação nas profundezas de seu ser:

> Digo-vos, portanto, e rogo-vos no Senhor: não vos porteis mais como pagãos que seguem a vaidade de seus pensamentos. Têm a inteligência obscurecida e estão afastados da vida de Deus, por causa da ignorância em que se encontram e do endurecimento de seus corações. Moralmente insensíveis, entregaram-se à dissolução praticando toda a sorte de impureza, com ardor insaciável. Mas vós, não foi assim que aprendestes na doutrina de Cristo. Pois, eu creio, vós o escutastes e nele aprendestes – conforme a verdade que está em Jesus – a despojar-vos em relação à vossa vida anterior, do velho homem corrompido pelas paixões enganadoras: a vos renovardes por uma transformação espiritual de vossa inteligência e vos revestirdes do homem novo, criado à imagem de Deus, na justiça e na santidade da verdade (Ef 4,17-25).

Essa renovação deve ser considerada sob vários pontos de vista: como renúncia, perdão, conversão, "justificação", entrega de si, ação de graças, "*Eucharistia*". A palavra "amor" no sentido de ágape cobre perfeitamente e inclui todas elas.

Mas lembremo-nos especialmente de que a Igreja é uma comunidade de perdão. Todos os que penetraram na vida comunitária do corpo de Cristo o fizeram pelo caminho do perdão. E permanecem no Corpo de Cristo unicamente através do perdão, da misericórdia de Cristo. E isso não só de Cristo como Cabeça, mas também de Cristo em seus membros.

A misericórdia e o perdão de Cristo têm de operar continuamente em todos os membros e através de todos os membros do Corpo Místico. É isso que faz ser a Igreja realmente Mãe: dá vida pela mansidão, compreensão, amor e perdão. Perdoa pecados, quer isso dizer, traz cura às separações. O pecado é separação de Deus e dos que amam a Deus. O pecado é rompimento com a vida. É morte espiritual. O perdão é a restauração da vida. Pecar é rompimento da vontade livre do homem, separando-o da comunhão no amor e da compreensão mútua. O pecado é a recusa a partilhar, é negar qualquer necessidade de partilhar. O perdão renova a participação porque traz de volta o pecador ao contato com o corpo místico do qual ele precisa, e com aqueles de cujo amor ele necessita e de cujo amor vive. Mas o pecador é também importante à Igreja, pois a comunidade de perdão precisa do pecador e é por isso que ela o perdoa. A Igreja precisa partilhar com ele o bem que ela recebeu de Deus.

Por isso é que o Salvador ressuscitado, no dia de sua ressurreição, no seu primeiro encontro com os discípulos, deu-lhes, antes de mais nada, o Espírito Santo e o poder de conceder o perdão divino:

> Na tarde daquele dia, que era o primeiro dia da semana, estavam os discípulos reunidos

> em uma casa, de portas fechadas, com medo dos judeus. Veio Jesus, pôs-se no meio deles e disse-lhes: "A paz esteja convosco!". Dito isto, mostrou-lhes as mãos e o lado. Os discípulos se rejubilaram vendo o Senhor. Disse-lhes novamente: "A paz esteja convosco! Assim como meu Pai me enviou, também eu vos envio". Em seguida, soprou sobre eles, dizendo: Recebei o Espírito Santo. Os pecados são perdoados àqueles a quem os perdoardes e são retidos àqueles a quem os retiverdes (Jo 20,19-23).

Isso deve ser visto não só como a instituição do sacramento de penitência, o que evidentemente é, mas também como uma revelação da verdade de que a própria vida do Corpo de Cristo é perdão. O Espírito pelo qual vive a Igreja é o Espírito de amor e unidade. A unidade só pode ser preservada ou restaurada quando há compreensão, aceitação e perdão. A Igreja é um corpo de homens que sabem que estão perdoados e que perdoam repetidamente, porque eles mesmos são constantemente perdoados.

A Igreja, pois, não é tanto um corpo de homens puros que nunca cometem ofensa, mas de homens que, em sua fraqueza e fragilidade, erram e ofendem, mas receberam de Deus o poder de se perdoarem uns aos outros em seu Nome. Possuem o Espírito Santo e podem, em certo sentido, dar o Espírito Santo uns aos outros. O próprio Espírito Santo move-os a isso e age neles para salvar outros (cf. At 8,14-18; 23-39; 10,24-48 etc.).

Nós, portanto, que formamos um corpo em Cristo, partilhamos, uns com os outros, a mensagem da divina verdade de Cristo. Partilhamos de sua palavra, de seu culto, de seu amor, de seu Espírito.

A mais elevada adoração que oferecemos a Deus "em espírito e verdade" está nesse partilhar do sopro do Espírito Santo no perdão e no amor. Por isso é que nos é ordenado perdoar a nosso irmão antes de oferecermos sacrifícios. Por isso é que trocamos o ósculo da paz antes da comunhão. O beijo da paz faz parte, de certo modo, de nossa comunhão eucarística. Simboliza a participação espiritual do Espírito Santo. Com um ósculo santo, damos o Espírito de amor a nosso irmão, como se a chama de uma vela fosse transmitida para iluminar outra.

A Eucaristia é a celebração de nossa reconciliação em Cristo e em seu Espírito. Na pós-comunhão da missa de Páscoa, a Igreja roga a Deus "derramar sobre nós o Espírito de amor, a fim de que todos os que foram saciados com os sacramentos pascais permaneçam em perfeita união". Mais ainda: o Espírito Santo não só renova os corações dos fiéis através da liturgia Eucarística e da Comunhão, mas, na liturgia, o próprio Espírito Santo é dado como remissão de nossos pecados – *quia ipse est remissio omnium peccatorum* (Pós-comunhão da terça-feira de Pentecostes). Na proporção em que nos amamos e nos perdoamos uns aos outros, abrimos toda a Igreja à ação do Espírito Santo.

Somos uma comunidade de perdão, portanto uma comunidade de penitentes. Mas que é um penitente? É simplesmente alguém que empreende toda sorte de atos de autopunição difíceis e rebarbativos? Talvez possa isso ter um lugar em algumas vidas. No entanto, o verdadeiro espírito de penitência é inseparável do reconhecimento da necessidade que temos nós mesmos do perdão. Não só do perdão de Deus, mas do de nossos irmãos. Temos de reconhecer nossa necessidade do "beijo da paz", pelo qual nosso irmão, em seu perdão e sua aceitação, nos dá, do seu próprio coração, o Espírito Santo, e no qual nós, por nossa vez, com ele partilhamos o amor do Espírito Santo que vive em nosso coração.

Somos uma comunidade de perdão, não uma comunidade de julgamento. É-nos ordenado não nos julgarmos uns aos outros e não devemos fazê-lo. Não devemos julgar de maneira a rejeitar e a condenar. Quer isso dizer que não devemos recusar aceitar a autêntica boa vontade de nosso irmão; não devemos, portanto, rejeitar suas propostas sinceras de reconciliação, sua verdadeira amizade. Mesmo nosso inimigo não deve ser julgado, mas sua necessidade de perdão deve ser reconhecida. Não devemos julgar, isto é, devemos estar sempre prontos a fazer o primeiro passo, propondo a reconciliação e o perdão. Não devemos permitir que nossa avaliação dos atos de alguém se interponha no caminho do Espírito Santo que nos atrai à unidade com "o outro", apesar de suas ações que o tornam diferente de nós e talvez o oponham a nós.

Temos o dever de perdoar porque é através de nós que Deus deseja perdoar os pecadores.

Ao construir uma comunidade de perdão que é o Templo de Deus, devemos reconhecer como nenhum de nós é completo, autossuficiente, perfeitamente santo. Ninguém pode repousar em suas próprias virtudes e sua vida interior. Ninguém vive só para si mesmo. Viver só para si é morrer. Crescemos e nossa vida desabrocha na medida em que vivemos para outros e através de outros. O que nos falta, Deus deu a eles. Eles devem nos completar onde somos deficientes. Daí devemos sempre permanecer abertos uns aos outros, de maneira a podermos sempre repartir uns com os outros.

Muitas vezes, o bem que nos é dado por Deus nos é dado para ser repartido com o outro. Se Ele vê que não perdoamos e não somos abertos, que não repartimos, então esse bem não nos é dado. Mas àquele no qual existe a maior prontidão em repartir com todos mais é dado. O maior dos dons, portanto, é essa abertura, esse amor, essa prontidão a aceitar, perdoar e repartir com outros, no espírito de Cristo. Se somos abertos, não somente ofereceremos o perdão, mas não deixaremos, por desprezo, de procurá-lo e de reconhecer nossa premente necessidade do perdão.

A abertura é o sinal da presença do Espírito, pois a abertura é o sinal do amor. Como foi característico o ato do Papa João XXIII, que, após sua eleição, quando lhe perguntaram o que pretendia fazer como Papa, dirigiu-se simplesmente para a janela e abriu-a de par em par.

[1963]

Renovação litúrgica: a atitude aberta

Que significa renovação litúrgica e quais alguns dos problemas que ela suscita? Nós, o simples clero e o laicato, isto é, o "comum" do "povo de Deus", precisamos compreender bem isso, porque a tarefa principal da renovação nos compete. Se a reforma litúrgica se fizer meramente da cúpula para baixo, isto é, uma renovação somente por um *fiat* jurídico, não tem probabilidade de êxito. Entretanto, ao que parece, esta é a maneira pela qual muitos esperam que isso "aconteça".

Os que são apaixonadamente dedicados ao movimento litúrgico talvez estejam atribuindo demasiada importância ao fato de que certas mudanças desejáveis tenham sido, serão ou, em todo caso, sempre *poderão* ser legisladas. No entanto, como estamos conscientes pelo exemplo do conflito dos direitos civis, a simples abertura de caminhos novos pela lei não significa ser sempre possível trilhá-los de fato. Daí os que não são muito entusiasmados pela renovação litúrgica se consolarem, talvez, com estoicas reflexões sobre a pouca vontade e a incapacidade da maioria dos padres e dos leigos de efetuar as necessárias mudanças de modo a conseguir uma renovação básica e real do culto.

Não há dúvida de que estão sendo feitas mudanças. Não se pode negar que, agora, após um ano da "nova missa", as modificações estão orientadas na direção certa; obviamente, a reforma está apenas iniciada. A "nova missa", como agora está, parece representar certos compromissos práticos que foram necessários para que determinada soma de vernáculo pudesse ser permitida. Mas parece certamente ilógico dar uma guinada do português para o latim somente para a oração, e depois voltar ao português para a Epístola. Ou, ainda, dizer "o Senhor esteja convosco" ora em português, ora em latim. A lógica da renovação litúrgica certamente requer que a missa inteira seja celebrada na língua do povo, e isso poderá acontecer. Ao mesmo tempo, notamos de passagem que as velhas liturgias romana, ambrosiana e outras em latim podem e deveriam ser preservadas em alguns mosteiros que estariam prontos a se dedicar a essa obra (Solesmes, por exemplo).

A melhor coisa sobre a "nova missa" é a verdadeira abertura em relação às oportunidades de participação. Com altar agora voltado para o povo, existe, evidentemente, mais sentido de comunicação de ambos os lados, e muito menos perigo das velhas e rotineiras distrações que sempre ameaçam quem está meramente absorvido em seus pensamentos e imaginações corriqueiros. Uma vez conscientemente firmada e mantida a comunicação, o sacerdote e o povo podem mais facilmente sentir que estão *celebrando* juntos o mistério de nossa redenção no Sacrifício Eucarístico e na Ceia do Senhor. A presença de um comentador leigo indicando ao povo quando ficar de pé, sentar-se, e assim por diante, dando curtas explicações do que se passa, é, evidentemente, um proceder provisório. Não devemos considerar isso um proceder ideal e, quanto mais cedo puderem todos dispensá-lo, tanto melhor. Mas, afinal, é sumamente desejável que um leigo participe, lendo, por exemplo, a Epístola.

A concelebração e a comunhão sob as duas espécies estão entre as mais impressionantes e louváveis modificações da liturgia renovada, mas a concelebração é ainda, por necessidade, confinada às comunidades monásticas.

É óbvio que tudo ainda não está perfeito. Os que imaginavam bastar que se tivesse os textos traduzidos para o vernáculo não estavam, talvez, preparados para os problemas que pudessem ainda restar. Nossas leituras bíblicas são, agora, em português. Mas que português! Está em uso o texto que foi preparado para leitura em particular e estudo, e suas tentativas de uma linguagem viva e coloquial não estão à altura das exigências do público e da celebração solene. Uma certa seriedade sagrada e intemporal é requerida em nossos textos litúrgicos em vernáculo, sem o que depressa se tornarão insuportavelmente triviais. Ouvem-se queixas a respeito dos cânticos e, sem dúvida, nem sempre estão à altura do gregoriano. Mas, ao menos, é algo que todos podem executar. Quantas paróquias havia, antes do Concílio, em que toda a assembleia sabia cantar o comum da missa em gregoriano?

Há muito ainda a fazer. Estamos num período de transição. Nem os entusiasmos fora de propósito, nem a falta de participação hostil poderão ajudar a Igreja neste momento. Temos que prosseguir num espírito de experimentação sóbrio e razoável. Isso significa enfrentar os imprevistos da experiência e do engano. Sejam quais forem as mudanças efetuadas, se forem apenas gestos novos praticados com a mentalidade velha, não constituirão uma renovação litúrgica. Não são tanto as formas antigas que devem desaparecer, mas a antiga mentalidade. Vamos, pois, lançar rapidamente o olhar sobre essa "velha mentalidade", plenamente conscientes de que não pertence só ao passado. Está ainda muito presente em nós, mesmo em alguns daqueles que favorecem as ideias progressistas!

Resumir supõe sempre algum risco de caricatura, mas é evidente que não é preciso gastar muito papel para tratar do conhecido estilo severo, rígido, oficial e antiquado do culto habitual antes do Vaticano II. Os defeitos não vêm tanto do estilo como do resíduo psicológico que anos dessa espécie de culto acumularam na espiritualidade e nas práticas do sacerdote e do povo. A incapacidade de se comunicarem uns com os outros e, de fato, a ausência geral do desejo de se comunicarem resulta numa espécie de hesitante timidez consagrada. Os sacramentos, que implicam uma participação plena, profunda, aberta, no calor pessoal e no amor, tornaram-se, para dizer a verdade, sinais de impersonalidade consagrada de negócios bem despachados.

Que importa que o padre diga o cânon inteiro em voz alta se, afinal, isso significa ainda o seguinte: "Eu sou sacerdote, vocês são os leigos, e isto é estritamente uma negociação. Vocês têm o seu lugar e eu o meu. Eu estou aqui para confeccionar sacramentos válidos para vocês receberem, e vocês estão aí porque, se não estivessem, eu não estaria aqui confeccionando sacramentos. Além disso, toda gente sabe que, se eu não exercer o meu ofício especial como o único que pode validamente tornar Nosso Senhor sacramentalmente presente, vocês nem terão uma religião. De fato, vocês serão praticamente pessoas sem Deus. Quanto ao que vocês são ou ao que eu penso sobre tudo isto, não me interessa absolutamente. Vamos, portanto, acabar depressa com tudo para que eu possa ir-me ocupar dos meus negócios e vocês dos seus".

Essa é a mentalidade que um de nossos melhores liturgistas, D. Adrien Nocent, denominou "validismo". De acordo com esse ponto de vista, o que importa não é terem as cerimônias um sentido, ou que os sacramentos expressem eloquentemente a graça que significam, ou que a ordem e o decoro do culto devam ajudar a manifestar o esplendor do amor de Deus e de sua presença no meio de seu povo. Importa apenas que os sacramentos sejam válidos, as fórmulas corretas e os gestos exatos conformem-se às rubricas. O culto é, assim, mecanicamente eficiente, o crente recebe a graça com um mínimo de trabalho e tudo corre bem!

Essa mentalidade é responsável por uma atmosfera mortífera de oficialização no culto, uma influência embotadora que, espera-se, será combatida em cada um por um culto interior e subjetivo, dirigido inteiramente pelo gosto individual e as necessidades particulares que, em última análise, são de responsabilidade própria e não são da conta de ninguém.

Permitam-me dizer sem demora que esse domínio privado de conscientização sincera e pessoal não deve ser matéria de escárnio. Quando o culto é frio, formal, vazio de comunicação pessoal, onde há de refugiar-se o crente? Não estou nada certo de que seja bom fazê-lo sentir-se culpado, a não ser que se possa oferecer-lhe algo de melhor, aqui e agora, concretamente, e não apenas no papel ou em nossa cabeça.

O que se requer sobretudo é um espírito de *abertura*, no qual o sacerdote esteja em atitude aberta para com seus fiéis e estes se mantenham abertos para com ele e uns para com os outros. Isso significa que as palavras da liturgia devem ser ditas por uma pessoa a pessoas. Não devem ser murmuradas abstratamente num vácuo.

É verdade, e por vezes é isso esquecido, que as palavras da liturgia são sagradas e as pessoas estão reunidas num "recinto sagrado". "O Senhor esteja convosco" não é o mesmo que "Olá, turma!". Portanto, o intuito da "renovação" tem significado diverso do que simples recitação de fórmulas em vernáculo com entoações coloquiais de aconchego de tipo rotariano. Significa descobrir um *novo* sentido de dimensão sagrada, de comunidade, de unidade no Espírito como resultado de uma comunicação num plano de profundidade com o qual, há muito, deixamos de estar familiarizados. Significa aprender a viver a experiência de sermos todos um na graça. Exige isso uma comunidade de presença e conscientização distinta de nossas assembleias comuns: presença de uns aos outros em Cristo. Presença, também, na celebração. Significa, pois, um senso do mistério. Não é possível ter a experiência dessa presença litúrgica e dessa unidade se não se está aberto à realidade do Espírito em todos aqueles que estão reunidos na assembleia do culto e através deles. Todavia, esse senso não é místico nem esotérico. Está baseado em nossas afinidades humanas naturais uns para com os outros, como seres com as mesmas necessidades, alegrias, esperanças, temores e amores, reunidos pelo amor misericordioso de Cristo. As palavras, cânticos, cerimônias, sinais, movimentos do culto, têm, por sua própria natureza, a finalidade de abrir o espírito e o coração do participante a essa experiência de unidade em Cristo. Contudo, essa conscientização sacramental depende, antes de mais nada, da simpatia humana, da inter-relação e, em certo grau, da compreensão mútua. Daí a obrigação de estar em paz com todos antes de se entregar ao culto.

Uma das razões por que sou hoje católico, monge e sacerdote é ter eu ido pela primeira vez à missa, ter continuado a ir à missa, numa igreja onde se tinha consciência dessas coisas. Por mais progressista que tivesse sido o Padre Ford (e, graças a Deus, ele ainda o é), na igreja de Corpus Christi se celebrava a mesma liturgia romana que em toda parte em 1938. Era a mesma conhecida missa que está agora sendo radicalmente reformada. Nada havia nela de novo ou revolucionário: apenas era tudo bem realizado. Não por esteticismo ou obcessionismo rubricístico, mas por amor a Deus e à sua verdade. Seria certamente uma ingratidão se eu não me lembrasse da atmosfera de alegria, luz e, pelo menos, de relativa abertura em Corpus Christi durante a Missa Solene.

Uma das coisas estranhas em relação à igreja de Corpus Christi é que não mostra nenhum embaraço em se voltar para um período um tanto obscuro em matéria de culto e de arte. O santuário tem a aparência do século XVII. Mas é o "ar" de anglicanismo caroliniano, tanto como o do catolicismo barroco. Não há, entretanto, o excesso do barroco, mas existe um esplendor consciente, de um modo honesto, franco, direto. Penso que esse modo de ser verdadeiro que se observa em Corpus Christi vem do fato de que é uma das poucas igrejas católicas, na América, com a coragem de possuir uma aparência "colonial" e "americano primitivo", sem medo de ser rotulada de "protestante". Há, aliás, no tabernáculo, nos castiçais e no próprio ritual, suficiente indicação do estilo puramente romano e romano pós-tridentino. O paradoxo está, pois, no fato de um progressista ter conseguido obter resultados maiores do que os próprios conservadores, com coisas que esses conservadores declaram prezar tanto!

Não é, portanto, o estilo que importa, mas o espírito, o gosto, o sentido vivo do que é direito e verdadeiro e, basicamente, o respeito pela criação de Deus, o povo de Deus, a casa de Deus. Onde esses são encontrados há, também, inevitavelmente uma abertura natural e sobrenatural. Isso porque somos feitos de tal modo que respondemos a essa ordem e harmonia abrindo nossos corações e elevando-os à luz.

Lembro-me também do altar lateral, na Capela de Nossa Senhora, na igreja de Corpus Christi, com seu lindo tríptico italiano primitivo, seus castiçais mexicanos de madeira pintada, seu rico *antependium*, coisas essas que terão todas "de desaparecer", provavelmente. Não importa. Seja qual for o rito ou estilo, não há nenhum que não possa ser redimido por uma certa abertura, frescor, conscientização, luz e confiança. Mas dizer isso não exclui a necessidade de reforma para aqueles estilos que tendem, por sua natureza, a favorecer a rigidez e, portanto, a fechar o coração e a mente a uma participação autêntica e mais aberta no mistério litúrgico.

No entanto, é preciso que saibamos com nitidez *em que* estamos participando. Deve o culto cristão ser comunhão naquilo que é correto ou no amor? Unidade da lei ou unidade em Cristo? Participação em sacramentos válidos ou no Espírito de Vida que está no Senhor ressuscitado? Certamente, devemos ser corretos, devemos obedecer inteligentemente às leis da Igreja e devemos estar preocupados com a validade dos sacramentos. Enganamo-nos, porém, se terminamos nisso. Essas coisas não são todo o culto. Não são o fim, mas apenas o início. Se não vemos mais longe do que o início, podemos até deixar de começar.

Temos de aprender a participar numa comunhão livre, aberta, alegre, de amor e louvor. Tudo que ajuda esse senso de liberdade, de abertura, diria até de *ausência de coação*, vai ajudar a renovação litúrgica. Tudo aquilo que continua a promover a rigidez, a desconfiança, a timidez, a frieza e o ressentimento vai ameaçar a reforma litúrgica de esterilidade. O grande inimigo é a coação, que traz consigo todos esses outros demônios.

Voltemos aos *Atos dos Apóstolos.* Os primeiros cristãos eram pessoas que tinham em abundância uma alegria e confiança irreprimíveis, porque compreendiam que estavam agora livres, e já não estavam obrigados ao culto sob coação. Quaisquer que possam ter sido as reais qualidades da espiritualidade judaica naquele tempo, os cristãos acreditavam que a Torah exigia uma rígida servidão a formas agora tornadas vazias. Os mártires entregavam suas vidas de preferência a sofrer coação e obedecer à ordem oficial e jurídica de sacrificar ao Imperador Romano. O culto cristão, em seus inícios, está marcado por uma recusa geral explícita e sem compromissos relativamente à coação.

Tanto os progressistas como os conservadores parecem depositar sua confiança na legislação para atingir seus fins. No entanto, a renovação litúrgica não se fará por meio de leis e não pode ser impedida por leis. Há perigo na identificação generalizada entre *pressão* e *ordem.* Evidentemente, nada adiantará tentar apenas coagir os progressistas a se contentarem com formas antigas que lhes parecem sem vida. Do mesmo modo, é também evidente não poderem os que não sentem ou não compreendem a necessidade de renovação serem levados a uma participação aberta e viva somente por coação.

Os progressistas não confiam na força da lei, do mesmo modo que o fazem os conservadores. Contudo, mesmo do lado dos progressistas, sente-se, por vezes, haver tendência a exercer pressão psicológica. A tentativa é humanamente compreensível, e eu, pelo menos, não fico ressentido com isso. Mas isso é uma fonte possível de coação, e creio que deva ser notado, pois acaba se tornando contra a renovação.

Por exemplo, algumas declarações fortes, sem dúvida substancialmente corretas, têm sido feitas insinuando que o medo conservador de mudanças poderia bem ter uma base psiconeurótica.

Muito bem. O medo, a hesitação, a timidez-a-ponto-de-se-tornar-pânico que caracterizam alguns neuróticos e torna todas as formas de relações comuns e interpessoais potencialmente angustiantes para eles não os dispõe, evidentemente, a acolher situações novas e estranhas nas quais preveem que se sentirão ameaçados. É realmente exato que esses riscos de reforma e mudança serão perturbadores para os inseguros. Mas lembremo-nos de que uma demasiada ansiedade por agir sobre essa insegurança e "punir" de antemão o provável não participante não é necessariamente sinal de perfeito equilíbrio psíquico. Há toda espécie de neuróticos, e os que projetam sua insegurança sobre os outros, em lugar de senti-la em si mesmos, não são os que estão em melhor forma.

É evidente que uma situação como essa, que põe em jogo as forças da insegurança, da autoridade, do risco, da mudança, da lei, e assim por diante, haverá naturalmente de criar toda sorte de conflitos interiores, alguns dos quais se farão sentir, outros se manifestarão "exteriorizando-se" talvez de um modo muito agressivo e autoritário por aqueles mesmos que pretendem ser campeões da liberdade e da renovação. Os inseguros terão, naturalmente, tendência a preferir um *status quo* garantido pela lei e pela prática usual. Porque ficam na dependência de saber o que está por vir. Chamar-lhes a atenção sobre isso não é, de modo algum, a maneira de convencê-los, e vamos confessar que, se o alvo da renovação litúrgica deve ser atingido, essas pessoas devem ser ganhas de um modo razoável e com mansidão, e não forçadas com brutalidade a se dobrarem.

Ao contrário, quando alguém, sofrendo de angústia, insegurança e sentimentos de inferioridade, conclui que o movimento litúrgico o olha com desconfiança e hostilidade porque se sente pouco à vontade com outras pessoas e prefere morrer a fazer algo de novo e fora do comum, sente-se ameaçado. Crê-se objeto de grande, vaga, desconhecida, ilimitada e não identificável ameaça. Não sabe, precisamente, como está ameaçado. Não sabe qual a razão disso. Não sabe com exatidão qual será sua punição nem de que pecado o acusarão e, ainda menos, o que fará para apaziguar as forças hostis. Tudo o que sabe é que, por ser o que é (uma pessoa tímida, assustada, insegura), existem pessoas (liturgistas) que não o aprovam. Têm a intenção de expô-lo, e a liturgia serve-lhes de ocasião para fazê-lo. Até agora, conseguiu proteger-se e à sua timidez, no culto, aproximando-se de Deus sob confortador anonimato garantido até o presente por lei inviolável. Atualmente, essa proteção na qual confiava vai ser removida brutal e desapiedadamente. Vai ele ficar sem defesa, sem meios de compreender sua condição, nem de saber como agir em tal situação. Ora, se não sabe como agir, sentir-se-á praticamente excomungado.

Ao mesmo tempo, o tipo agressivo estará atravessando uma diferente síndrome. Também ele é inseguro. Mas, a todo custo, deve impedir-se de ver e sentir isso. Ele é aquele que nunca se embaraça, está sempre na frente, é sempre o líder. Mesmo se não sabe o que está liderando, nem para onde vai, tem de estar sempre à frente. Para assegurar-se de que nenhuma sensação de dissensão se torne consciente, ele exagera seu papel. E, assim, na assembleia de doze pessoas que dialogam com a missa, ele é o que berra as respostas, reduzindo os demais a uma embaraçada mudez e à paralisia espiritual. Evidentemente, ele percebe isso. Que faz então? Recai no imperativo absoluto: foi convidado a participar e há de participar, ainda que isso signifique o fim de toda participação espontânea de qualquer outro a não ser ele. É um absolutista que age sob tanta pressão, que pressiona todos que dele se aproximam.

Desses dois, um pode ser rotulado conservador, e outro, progressista. Todavia, na realidade, não há tanta diferença entre um e outro, uma vez que ambos agem sob pressão. Ora, seria desastroso que a renovação litúrgica se apoiasse na substituição de uma espécie de pressão pela outra. Renovação significa, pelo contrário, a substituição da pressão pela abertura da participação simples e jubilosa. Os que têm conflitos emocionais – e quem, afinal, não os tem? – terão maior êxito e farão bem se conseguirem compreender que essa abertura é praticamente a única coisa que pode aliviar suas angústias nessa área particular. Isso os ajudará, pela humildade, pela graça, pelo esquecimento de si e pela confiança, a aproximarem-se do Senhor que os há de curar na atmosfera dilatada e expansiva do amor que é, idealmente, a do culto litúrgico.

Digo "idealmente" porque o grande problema que enfrentamos hoje na liturgia é a tentação do desânimo e do ressentimento, que surge quando o ideal não só não é prontamente realizado, mas nem mesmo aproximado.

Aqueles que poderemos denominar progressistas, seja na liturgia, seja em qualquer campo da renovação católica, poderão encontrar-se avançando cega e temerariamente, desafiando o que lhes parece ser um espírito injusto de resistência e inércia da parte dos outros. Enquanto isso, os "conservadores" – sentimos ter de dizê-lo – por vezes têm-se mostrado infantilmente rebeldes a toda mudança e têm obstruído as adaptações mais evidentemente simples e desejáveis. (Provavelmente, cada cidade tem um exemplo de resistência passiva e de aberta recriminação da parte de algum profeta de desgraça agora convencido de que a Igreja se tornou "protestante" porque o povo reza em português!)

Vamos admitir com franqueza ser a nossa tarefa precisamente a seguinte: a de mostrar nossa elementar caridade e ausência de egoísmo – em realidade, nossa maturidade cristã –, pondo de lado nossas preferências (sejam elas progressistas ou conservadoras) para chegar a uma fórmula eficaz pela qual possamos todos continuar a participar do culto sendo um só em Cristo. Vamos confessar, também, francamente, serem as zangas caprichosas de ambos os lados, na maioria dos casos simplesmente infantilismo.

Mesmo pessoas bem equilibradas, sinceras e naturalmente abertas poderão sentir que a adaptação não se fará inteiramente sem luta. Em toda vivência social, tem de haver uma penosa dialética entre programas e realizações, ideais e realidades, intenção e execução. Podemos começar com uma resposta generosa ao programa e suas exigências. Poderemos realmente nos abrir com toda ingenuidade e confiança, esquecendo-nos de que ser aberto é ser vulnerável. Não há escolha; não podemos penetrar no verdadeiro sentido interior da participação se não nos desarmarmos. Se, porém, o fizermos, é possível que nos encontremos com alguém que teve apenas a aparência de se desarmar e que ainda procura uma chance para reforçar a autoestima diminuindo os outros.

Nos mosteiros existe o perene problema do noviço que vem ao coro pronto para dar-se inteiramente ao glorioso louvor de Deus e ao qual, rápida e repetidamente, se faz compreender não ser sua contribuição apreciada. É apanhado e moído, de um lado, pela mó superior da exortação litúrgica dos cantores e, de outro lado, pela mó inferior, de sua própria incapacidade repleta de energia. Com o coração aberto de par em par, mergulha no cataclismo. Após seis meses, está reduzido a um silêncio cheio de frustração, ou então canta, o resto de sua vida, num lamentável falsete feito de autocomiseração. Está perdido, no que concerne à renovação, o progresso, a liturgia e tudo o que não seja a bem experimentada espiritualidade da vítima enclausurada.

Que fazer em relação a tais problemas? Não existe uma resposta mágica. Mas uma coisa é certa. Se todo o nosso ardor e nossa atenção estiverem concentrados num *ideal* litúrgico, então, inevitavelmente, acabaremos por ferir, punir, pressionar desnecessariamente o pobre bem-intencionado indivíduo de carne e osso que leva nossa exortação a sério e tenta generosamente dar-nos o que parecemos pedir. Pensemos, sim, em ideais, mas pensemos também, sobretudo, nas pessoas – não pessoas em abstrato, porém aquelas que conosco participam do culto.

Se vamos pedir a seres humanos limitados que participem da liturgia, devemos nos contentar, por algum tempo, com a participação imperfeita a que vamos assistir. Não será sempre maravilhoso. Provavelmente, vai ser, em alguns casos, muito menos tranquilo e edificante do que a ordem e a serenidade relativas da "missa antiga". A nova liturgia pode ser, de diversos modos, um alívio – contudo não vai, necessariamente, atingir logo perfeita harmonia, ordem e beleza. Não vamos piorar a situação, insistindo em que tudo o que tentamos seja imediatamente "perfeito"!

Uma coisa que, inevitavelmente, há de agravar a sensação de que estamos sendo pressionados é o fato de que a liturgia continua a ser nossa oração pública oficial, imposta pela autoridade e regulada com precisão. Isso pesa severamente não apenas nos sentimentos, imaginação e compreensão do participante, não só em seu coração e em sua vontade, mas mesmo em sua consciência. Uma das coisas angustiantes em relação à liturgia, para alguns sacerdotes, é o temor exagerado de cometer erros e, portanto, de serem culpados. Essa paralisia "rubrical" é responsável pela impressão desagradável e inconveniência de tantas missas. Não culpeis o pobre sacerdote! Só Deus compreende a profundeza de sua indizível tribulação. A culpa é, provavelmente, dos seminários. A simples mudança de leis em nada contribui para remediar essa situação. Ao contrário, cria problemas novos: o sacerdote se vê na contingência de tentar preencher novas obrigações que ainda não entende bem...

Até agora, contudo, todos nós, provavelmente, cometemos suficientes erros na "missa nova" para compreendermos, em primeiro lugar, que não é apenas uma questão de estarmos rubricalmente certos. E também todos nós tivemos de nos ajustar em certos casos, para enfrentarmos situações especiais, de maneira que, sem sermos propriamente "inovadores", tivemos, pelo menos, que interpretar as novas rubricas de maneira razoável, construtiva e pessoal. Daí as queixas dos paroquianos, deplorando o fato de que "cada pároco tem um modo diferente de fazer as coisas", não deverem, em realidade, ser tomadas a sério. Se essas pessoas tivessem vivido na Idade Média, para a qual pensam, talvez, voltar o olhar com nostalgia, teriam encontrado muito mais diversidades regionais e aparentes incongruências do que jamais verão no catolicismo do século XX. De fato, poderiam dizer que o catolicismo medieval, como era em *realidade*, manifestava, em algumas zonas, um espírito de liberdade que, se o pudéssemos, faríamos bem em recuperar.

(Apresso-me a acrescentar que nem *toda* liberdade clerical na Idade Média é digna de imitação.)

A renovação litúrgica vai exigir uma séria e extensa experimentação. Mas como podemos experimentar sob pressão jurídica? Pareceria que muito da renovação terá que ser executada num espírito de não formalismo e liberdade, até certo ponto fora da estrutura do culto litúrgico formal. A missa "seca", por exemplo, e a oração informal da vigília oferecem muitas possibilidades de livre experiência, quase diríamos, de improvisação, que estariam fora de propósito numa celebração litúrgica formal ou na administração dos sacramentos.

Um último pensamento: uma atitude aberta na liturgia vai talvez totalmente além das capacidades daqueles dentre nós que envelheceram acostumados com as velhas formas rígidas, "fechadas". Há, porém, as crianças. Elas, em todo caso, serão as beneficiadas da reforma litúrgica. Por que não as deixar, com a simplicidade e inspirada espontaneidade que é seu dom peculiar, orientadas por adultos de sensibilidade e atualizados, começar a esboçar as formas criadoras e originais da liturgia do futuro que todos nós esperamos?

Faço essa sugestão com seriedade e sem sombra de sentimentalismo. Evidentemente, não vejo com nitidez como isso poderia ser feito. Mas a infância *é* a idade da abertura, simplicidade, espontaneidade e sinceridade. É claro, a criança de hoje está influenciada pela TV, e sua abertura e receptividade têm sofrido muitas outras influências sutis.

Há muita esperança quanto à renovação litúrgica, se puder ser empreendida, de algum modo, num espírito de *jogo*. O jogo não é uma coisa frívola ou sem consequência. É uma atividade muito séria e muito necessária. É no jogo que o coração humano é, ao mesmo tempo, aberto, engajado, alegre, sério e esquecido de si mesmo. O esquecimento de si, aberto, receptivo, despreocupado, hierático, do jogo, tem mais probabilidade do que qualquer outra coisa de fornecer um substituto para o individualismo feito de autopreocupação, em que cada qual se absorve na concentração subjetiva que, até agora, tem proporcionado ao crente o elemento principal da seriedade no culto.

Se as nossas crianças não nos podem ajudar a descobrir uma nova liturgia, talvez as nações jovens, as sociedades mais primitivas, que são as crianças na família das nações, serão as que nos hão de introduzir no mundo da renovação. Os mosteiros cistercienses e beneditinos da África fizeram uma petição à Santa Sé no sentido de obter a permissão de usar instrumentos nativos (especialmente tambores) em seu culto.

Uma coisa que virá certamente da África é o ressurgimento da antiga arte litúrgica da *dança*, problema clássico para o cristianismo ocidental. Isso, naturalmente, abre horizontes que tentam a nossa especulação. Deve, porém, ser dito que o mundo de hoje precisa de formas de culto dinâmicas, rítmicas, vivazes e cheias de movimento disciplinado e expressivo. Seja qual for o resultado, é nessa direção que se encontra realmente o êxito da plena participação litúrgica.

[1964]

Conecte-se conosco:

facebook.com/editoravozes

@editoravozes

@editora_vozes

youtube.com/editoravozes

+55 24 2233-9033

www.vozes.com.br

Conheça nossas lojas:

www.livrariavozes.com.br

Belo Horizonte – Brasília – Campinas – Cuiabá – Curitiba
Fortaleza – Juiz de Fora – Petrópolis – Recife – São Paulo

EDITORA VOZES

VOZES NOBILIS

Vozes de Bolso

Vozes Acadêmica

EDITORA VOZES LTDA.
Rua Frei Luís, 100 – Centro – Cep 25689-900 – Petrópolis, RJ
Tel.: (24) 2233-9000 – E-mail: vendas@vozes.com.br